Jogando com sorte

Luiz Carlos Amorim

Jogando com sorte

Técnicas de sobrevivência
em tempos de crise

4ª EDIÇÃO

Editora
Rosa dos
Tempos

Rio de Janeiro
2001

CIP-Brasil. Catalogação-na-fonte
Sindicato Nacional dos Editores de Livros, RJ.

A544j Amorim, Luiz Carlos, 1964-
4ª ed. Jogando com sorte: técnicas de sobrevivência em tempos
de crise / Luiz Carlos Amorim – 4ª ed. – Rio de Janeiro:
Record: Rosa dos Tempos, 2001.

ISBN 85-01-05748-7

1. Autodomínio. 2. Sorte. 3. Sucesso. 4. Auto-realização
(Psicologia). I. Título.

99-1371
CDD – 158.1
CDU – 159.947

Copyright © 1999 by Luiz Carlos Pereira de Amorim

Editor de texto: Gilmar Chaves

Todos os direitos reservados. Proibida a reprodução, no todo
ou em parte, sem autorização prévia por escrito da editora,
sejam quais forem os meios empregados.

Direitos exclusivos desta edição reservados pela
EDITORA ROSA DOS TEMPOS
Um selo da
DISTRIBUIDORA RECORD DE SERVIÇOS DE IMPRENSA S.A.
Rua Argentina 171 – Rio de Janeiro, RJ – 20921-380 – Tel.: 2585-2000

Impresso no Brasil

ISBN 85-01-05748-7

PEDIDOS PELO REEMBOLSO POSTAL
Caixa Postal 23.052
Rio de Janeiro, RJ – 20922-970

EDITORA AFILIADA

Este livro é dedicado a todos aqueles que contribuíram para seu desenvolvimento, especialmente a você, leitor e futuro praticante deste tesouro que passa a existir em suas mãos agora.

*Agradeço
a Deus por me fazer digno da autoria
deste livro, e a Rose Marie Muraro,
pela sensibilidade para reconhecer
o meu trabalho e acreditar nele.*

Sumário

Introdução 11

Onde Está a Sorte? 13
   Uma história 15
   Sorte! Sua definição 16
   Como usar as cores para atrair sorte 17
   Afortunadamente, eu me chamo... 20
   O uso das pedras preciosas para se obter a sorte referente a cada mês 27
   Técnicas para se jogar com sorte em loterias, cassinos, bingos... 29

Vivendo com Sorte 35
   Tesouros perdidos 37
   O Gênio da Moeda 43
   Prosperidade (Providência Divina) 46
   A sorte e a Esfera da Fortuna 50
   Paralela da Fortuna (saúde, poder e riqueza) 53

Confie e Não Vacile com a Sorte 55
   Confie e não vacile 57
   O exemplo da sorte do rei Midas 60
   Pão-duro, o escravo do dinheiro 63

A energia dos deuses: dinheiro e sorte   65
A sorte de alguns dos grandes homens de
   nossa História   67
Para ganhar, o forte finge-se de fraco, e o fraco,
   de forte   69
Aladim, o sortudo da lâmpada maravilhosa,
   e o azarado Jó, da história bíblica   72

A Força Silenciosa da Proteção e da Sorte   75
   Amuletos e talismãs   77
   Sorte e signo   80
   Como ter sorte na loteria do século XXI   95
   Métodos simples para atrair sorte   97

Jogando com Sorte nos Tempos de Crise   99
   Enfrentando a crise e destruindo as
      preocupações   101
   Técnica da "Proteção Diamante"   104
   Fazendo limonada: A história de John Rockefeller,
      segundo um de seus biógrafos, John K.
      Winkler   107
   Sorte tem quem tem a sorte de estar "JOGANDO
      COM SORTE"   119

Epílogo   123
Biografia do Autor   125

Introdução

Este livro tem o objetivo de fazer com que você, leitor, acredite que, para se obter sorte em qualquer coisa, é preciso que, primeiro, você comece a cultivar uma alegria interior, a afastar-se das pessoas negativas e a convencer-se de que é também um ser privilegiado, para, por fim, sentir a sorte como parte integrante de sua vida.

Jogando com sorte é fruto de experiências vividas por mim, o autor. Nele, coloquei vários exemplos práticos que funcionarão à risca se você seguir os ensinamentos que tornarão sua vida um jogo muito vibrante e cheio de vitórias, e atrairão a sorte de uma forma fascinante. E, mais ainda, este livro fará com que você resgate sua autoconfiança e desenvolva atitudes positivas, exercendo e canalizando seu entusiasmo, para tornar-se, enfim, um sortudo na vida.

Jogando com sorte é um livro que se propõe a oferecer, a todos, uma vida melhor por meio de técnicas para jogar com sorte, para perceber as oportunidades, para fazer acontecer e para evitar situações não-desejadas. Aqui, o leitor encontrará os elementos-chave que o levarão a aprender vibrar com toda a riqueza existente nos planos físico, mental e espiritual, tornando-se, então, um ser humano melhor, pleno e bem-sucedido.

A sorte para atravessar uma rua a salvo é a mesma que se deve ter tanto para se atuar nos bingos, cassinos e casas lotéricas, quanto para se obter amor, saúde, paz e prosperidade.

Boa sorte!

ONDE ESTÁ A SORTE?

A sorte está na mistura certa de oportunidade, preparação e autoconfiança.

Uma história

Conta-se que numa determinada casa lotérica havia um conjunto fechado de apostas no valor de cem reais.

Dentre as várias pessoas que por ali passaram, três se destacaram: a primeira tinha dinheiro, mas não tinha coragem para gastá-lo na aposta. Ela teve a oportunidade, estava preparada, pois tinha o dinheiro, mas não tinha autoconfiança, não acreditava que poderia ganhar.

A segunda queria muito, acreditava que poderia ganhar, mas não tinha o dinheiro para investir na aposta. Essa pessoa teve a oportunidade e autoconfiança, mas encontrava-se despreparada, sem dinheiro.

A terceira tinha o dinheiro, acreditou e apostou. Adivinhem! Ganhou! Essa pessoa, por sua vez, teve a oportunidade, estava preparada com dinheiro para a aposta e cheia de autoconfiança.

Sorte! Sua definição

Sorte é o nome que se costuma dar a tudo aquilo que acontece, não foi previsto e trouxe saldos positivos.

Existem também outros sinônimos para sorte, como destino, acaso etc. Quando acontece alguma coisa boa, falamos em "boa sorte". E, para alguma coisa ruim, em "má sorte".

Não devemos achar que uma pessoa só vence ou perde na vida devido à sorte ou à falta da mesma. As coisas que nos acontecem estão sempre, se observada uma causa, relacionadas com a terceira lei de Newton: "Ação e Reação" (ou seja, para toda ação existe uma reação igual e diretamente oposta). Também serve como exemplo a milenar indicação: "Ajuda-te, que Deus te ajudará." Não basta apenas ter pensamentos positivos, é necessário ação positiva.

É comum vermos exemplos de pessoas que passaram grande parte de suas vidas se empenhando em determinado objetivo e acabaram por consegui-lo. Vencer os obstáculos é a recompensa da vida e a certeza de que a sorte existe somente para aqueles que não medem esforços.

Então a sorte é uma ação conjunta do universo com você próprio. E ela só estará presente em sua vida se seus objetivos estiverem em perfeita harmonia cósmica. Portanto, o esforço de cada um em obter esta harmonia é a chave necessária e primordial para que a Fortuna se instale de vez em sua vida.

Você pode fazer e obter qualquer coisa que quiser da vida, desde que não desista de si próprio!

Mãos à obra!

Como usar as cores para atrair sorte

A tonalidade e o significado, como resultado energético de uma cor, mudam conforme o lugar e a época.

A cultura de cada civilização e os valores designados por ela, passando de geração a geração, dão a seu povo referências diferentes sobre as cores, e também quanto a seus benefícios ou malefícios.

Negra: em geral, a cor negra é considerada negativa, talvez por lembrar a escuridão. É a cor para o luto na Europa e na América. Entretanto, na Roma dos césares e mesmo na China de hoje, a cor do luto é o branco! Neste caso, a cor branca simboliza a pureza, a passagem do sofrimento para a plenitude, a realização pela vivência.

Vermelha: a cor vermelha é considerada por muitos uma cor funesta, já que lembra o sangue derramado nos campos de batalha, que é associado aos momentos de dor. Para outros, porém, justamente por ser a cor do sangue, é sinônimo de vida e cor da sorte e, por ser uma cor quente, traduz o entusiasmo e a alegria.

Os povos primitivos veneravam a cor vermelha como sagrada. Consideravam-na a cor da sorte e a utilizavam como proteção mística contra os maus espíritos.

Azul: a cor azul evoca o céu e as coisas celestiais, divinas. Por isso está sempre ligada ao que é sagrado, sendo considerada benéfica.

Costuma-se dizer que os membros da realeza têm sangue azul. Interessante é que na Malásia diz-se que o sangue dos reis é branco!

Verde: a cor verde está muito ligada à natureza, às árvores, às plantas. Simboliza o crescimento, a continuidade da vida, sendo por isso chamada cor da esperança. Sua energia é repousante, razão por que os panos das mesas de jogo são verdes, assim como uma grande parte dos óculos-de-sol. Por tudo isso, a cor verde está ligada à boa sorte, especialmente no mundo ocidental.

No Oriente, esta cor tem um simbolismo altamente positivo, e é a mais usada pelos muçulmanos. Está presente em quase todas as bandeiras orientais.

Amarela: a cor amarela significa, de uma forma geral, reservas de riquezas no solo (ouro) e, também, inteligência. Por tais motivos, ela representa a mais forte ligação com o dinheiro e a Fortuna.

Laranja: esta cor representa a mistura da energia do vermelho com a riqueza e a inteligência do amarelo. É a cor da vitalidade e, por ser uma cor quente e vibrante, deve-se ter cuidado ao usá-la: poderá estimular o apetite, porque o uso de roupas alaranjadas acelera os centros vitais de energia. Assim, é bom notar ainda que, se usada por muito tempo, pode contribuir para o estresse.

Violeta: é a cor que tem o aspecto mais acelerado de todas, vibrando com maior velocidade que qualquer outra, por isso é conhecida como a cor da transmutação. Deve-se, entretanto, ter cuidado com seu uso: é também conhecida por aflorar nossos "lixos" (medos e bloqueios mentais com origens no passado).

Branco: é ausência de cor, mas, no que se refere à aura (luminosidade), é a reunião de todos os prismas, ou seja, de todas luzes. Seu uso nos acalma, colocando-nos em paz e, com isso, mantendo um sutil equilíbrio de corpo e mente.

Marrom: não faz parte do grupo de cores positivas. É a cor que representa o plexo solar, ou seja, região compreendida desde a base da cintura até o pescoço. Nem sempre é aconselhado o uso desta cor, pois ela costuma bloquear nosso fluxo energético.

Já na Índia, quando as pessoas querem proteger-se contra os maus espíritos, usam o negro, o vermelho e o amarelo. Nos rituais mágicos do Japão, as cores vermelha e púrpura são de poderosa influência.

Existe a tradição brasileira de se usar, por certo tempo, as cores de um santo para se obter uma graça. Por tudo isso, podemos concluir que não existem cores boas nem más.

Todas as cores são de boa sorte!

Cores afortunadas e suas virtudes serão, sempre, o resultado da soma do que você, particularmente, sente sobre elas com aquilo que acredita que elas são.

Afortunadamente, eu me chamo...

Diz uma antiga tradição que o nome de uma pessoa contém força mágica. Daí se origina, provavelmente, o hábito de dar à criança o nome do santo do dia em que ela veio ao mundo. Esse costume é muito freqüente nos países católicos.

Os monarcas europeus sempre incluíram o nome do santo do dia entre os vários nomes com que batizavam seus herdeiros. Era uma forma indireta de obter para aquela criatura a proteção do santo.

Para os antigos egípcios, o nome era dotado de vida, parte essencial da pessoa, a tal ponto que, acreditavam eles, retirando-se o nome dado, a pessoa deixaria de existir.

Como sempre acontece, muitas superstições populares refletem essas velhas crenças. Eis algumas: quando dizemos, involuntariamente, o nome de alguém ausente, dizemos que esse alguém também pronunciou nosso nome, ou está pensando em nós, onde quer que esteja.

Outra curiosa crendice é que, quando uma criança é batizada pelo nome de Maria, ela passa a ter proteção mágica e jamais virá a se transformar em bruxa ou a ser atingida por feitiços.

Os videntes da Antigüidade previam o futuro de um homem pelo nome que possuía. Acreditavam que o destino de cada um estava ligado misticamente ao nome. Diziam, dentre outras coisas, que, quando um nome próprio tem um número par de vogais, seu dono tem alguma imperfeição no lado esquerdo; e quando o número é ímpar, no lado direito.

Roma tinha um nome secreto que somente os sacerdotes do Império conheciam. Evocavam esse nome sempre que a cidade dos césares era ameaçada por algum poder inimigo e, assim, julgavam protegê-la.

Um nome de homem ficou ligado a uma incrível seqüência de catástrofes: em 5 de dezembro de 1664, o único passageiro que se salvou de um naufrágio no estreito de Pas-de-Calais chamava-se Hugh Williams. No mesmo dia de dezembro, só que em 1785, houve outro naufrágio, na ilha de Man, na Inglaterra. O único sobrevivente chamava-se Hugh Williams. Em 5 de agosto de 1820, no rio Tâmisa, um barco naufragou e, dos 25 passageiros, somente escapou o garoto Hugh Williams. Em 19 de agosto de 1889, por fim, uma barca de transporte de carvão de Leeds naufragou. Únicos sobreviventes: o tio e o sobrinho também de nome Hugh Williams!

Crendices à parte, o nome de uma pessoa tem uma energia poderosíssima. Ele pode significar vitória ou fracasso, alegria ou dor, saúde ou doença, riqueza ou pobreza, sorte ou má sorte etc.

Mas, em se tratando de Hugh Williams, veja o que descobri:

Hugh Williams tem o número 7 na soma de seu nome, número que, por sua vez, representa a cor da aura violeta, que simboliza a transmutação, ou seja: tudo o que é ruim torna-se melhor e o que é bom fica melhor ainda.

Pitágoras desenvolveu o que chamou de Escala Pitagórica de números. Cada letra tem um valor, e o resultado final de sua soma corresponderá a uma cor áurica. Por aura, entende-se o campo magnético que envolve o corpo físico e que, por sua vez, tem uma tonalidade que define a personalidade do indivíduo. Veja a Escala Pitagórica de números:

1	A	J	S
2	B	K	T
3	C	L	U
4	D	M	V
5	E	N	W
6	F	O	X
7	G	P	Y
8	H	Q	Z
9	I	R	

Por exemplo:
HUGH WILLIAMS

| 8 3 7 8 | 5 9 3 3 9 1 4 1 | = 6 1 = 6+1 = 7 = = cor violeta |

A numeração e o significado correspondentes às cores áuricas

1. Vermelho: irritabilidade, impulsividade, **energia física** primordial, domínio, agressividade, tendência a atritos, muito sangue, tendência a hemorragias.

2. Laranja: mistura de energia com inteligência. Pessoas que não cansam enquanto há trabalho, não param, mas, na falta dele, perecem com a preguiça. Sabem, entretanto, aproveitar da vida os melhores momentos. Estão constantemente preparadas para enxergar as boas oportunidades.

3. Amarelo: inteligência. Pessoas que falam demasiadamente e possuem tendência à insônia. Comumente, têm o dom da palavra, da fala. Aura de pessoas que possuem eloqüência: advogados, oradores etc.

4. Verde: amor universal e incondicional. Pessoas que se comunicam com animais, são românticas etc.

5. Azul: tranqüilidade; tendência à indolência. Pessoas sonhadoras, indecisas por natureza e que têm dificuldade de encarar a realidade.

6. Azul-anil (índigo): relax, intuição e criatividade. Pessoas com uma característica especial: gostam de criar e modificar as coisas, ou seja, têm aura de inventores.

7. Violeta: intelectualidade espiritual, paranormalidade. Importante: se as pessoas desta aura não tiverem um maior desenvolvimento mental e espiritual, terão tendência para drogas. É a mistura do vermelho com o azul (mundo material e imaterial). É a cor áurica da transmutação.

8. Rosa: o rosa na aura significa agitação mental. Seria a mesma energia física que predomina no vermelho, só que o rosa se traduz no aspecto mental. Exemplo: pessoas que fazem tempestade em copo d'água, extremamente preocupadas com problemas mais imaginários do que reais. Estas sempre vêem o problema como pior do que ele é na realidade.

9. Dourado: tendência à autocomplacência. Pessoas boníssimas, incapazes de maldade. Caridosas e prestativas, gostam de ajudar o próximo. Requerem atenção, pois podem atrair aproveitadores de sua extrema bondade.

Outros exemplos. Veja:

D E U S
4 5 3 1 = 4+5+3+1 = 13 = 1+3 = 4 = cor verde

Você conhece aquela célebre frase "Deus é amor", pois então o verde, como já vimos anteriormente na explicação do significado das cores, representa o amor universal e incondicional.

J Ô   S O A R E S
1 6   1 6 1 9 5 1
7 +   23 = 7 + 2 + 3 = 12 = 1 + 2 = 3 = cor amarela

Nesse caso, assim como no exemplo anterior, temos um nome artístico que exerceu maior influência do que o nome verdadeiro. Aqui temos uma cor áurica amarela, referente ao número 3: pessoas muito inteligentes e que têm o dom da palavra. Poderia o Jô ter outro número e cor?

Madre Tereza de Calcutá, cujo nome era
A G N E S   G O N X H A   B O J A X H I U
1 7 5 5 1   7 6 5 6 8 1   2 6 1 1 6 8 9 3
19   33   36
1   6   9
   =1 + 6 + 9 = 16 = 1 + 6 = 7 = cor violeta

Não poderíamos esperar outra aura para Madre Tereza que não fosse a violeta. Eis aí um exemplo de espiritualidade aguçada e capacidade de transmutação.

Para aprofundar e complementar, quero ainda dizer que o número e a cor áurica, referentes ao nome completo de uma pessoa, representarão sua personalidade em tempo integral, ou seja, constantemente. Já o prenome, simples ou composto, explicitará sua individualidade, sua marca pessoal no contexto geral. Essa individualidade evidencia-se apenas em certos momentos da vida.

Observe:

```
FERNANDO     HENRIQUE      CARDOSO
6 5 9 5 1 5 4 6   8 5 5 9 9 8 3 5    3 1 9 4 6 1 6
41              52             30
5      +    7   +   3 = 15 = 1 + 5 = 6 = azul-anil
     12 = 1 + 2 = 3 = amarelo
```

Sua personalidade (nome completo) determina-lhe a aura azul-anil, que lhe proporciona criatividade e intuição. Já a individualidade de Fernando Henrique sugere-lhe a aura amarela (5+7=12 =1+2=3), conferindo-lhe o dom da fala e da inteligência.

Uma pessoa realmente provida de sorte, além de ser essencialmente intuitiva, pode contar com traços marcantes de inteligência em sua individualidade.

Resumindo, trata-se de uma pessoa de aura azul-anil predominante, com amarelo no detalhe.

Agora, utilize a Escala Pitagórica para descobrir seu número e cor referentes. Ficará surpreso com o resultado. Confira, e não hesite em fazer alguma alteração em seu nome, caso perceba que mudaria para melhor.

Com algumas das técnicas referentes a esse assunto, você

pode modificar sua vida acrescentando ou retirando alguma(s) letra(s) de seu nome.

Poderá também favorecer modificações necessárias em sua vida pessoal, vibrando na aura que for a mais indicada no momento. Assim: mentalizando a cor, utilizando lâmpadas para influenciar sua aura por meio da visão, usando roupas ou detalhes da cor desejada etc.

É certo que deve procurar ajustar sua aura para atrair-lhe sorte. No caso de artistas, por exemplo, é muito fácil: basta escolher favoravelmente nomes, cujas letras somem um número ideal. Com certeza, para esse fim, eu diria que o número 6 é de suma importância, pois é o que dá a criatividade, aliado ao 3, tanto melhor, pois é o que dá o dom da palavra. Pelo mesmo motivo, o 3 também será ideal para políticos, advogados, padres, professores etc.

Não fique chateado ou preocupado se sua aura não for da cor que gostaria ou precisaria. Lembre-se: todas as cores têm alguma característica igualmente importante.

De fato, é relevante que você saiba que o brilho de sua aura, seja ela qual for, é que é vital e importante, pois a aura que brilha só manifestará as boas características. E para fazer sua aura brilhar ou conservar o brilho, basta que se mantenha alegre e não resista à vida, que deixe as coisas fluírem. Evite vibrar sua mente em baixa sintonia e não invista tempo nem saúde em nada que não lhe traga tranquilidade, paz e serenidade.

O brilho começa dentro de você!

O uso das pedras preciosas para se obter a sorte referente a cada mês

Os antigos, como, por exemplo, os persas, atribuíam sorte a inúmeras qualidades mágicas que as pedras preciosas poderiam conter para cada mês do ano: novamente notamos a influência cultural e a tradição instituindo a boa sorte àqueles que têm fé.

Janeiro = *Jacinto*: lealdade em todos os compromissos.
Fevereiro = *Ametista*: proteção contra o descontrole e o favorecimento da paz de espírito.
Março = *Granada*: coragem e discernimento para enfrentar os problemas.
Abril = *Safira* ou *Diamante*: pureza e retidão de caráter, modéstia e generosidade.
Maio = *Esmeralda*: a verdade, a felicidade no amor e na amizade.
Junho = *Ágata*: boa saúde e longevidade.
Julho = *Rubi*: proteção contra problemas sentimentais.
Agosto = *Sardônica*: felicidade no casamento.
Setembro = *Crisólito*: proteção contra as doenças e a tristeza.
Outubro = *Opala*: esperanças depois do infortúnio.
Novembro = *Topázio*: lealdade no amor e na amizade.
Dezembro = *Turquesa*: boa sorte no amor e progresso nos negócios.

Quanto a determinar qual o mês mais propício para jogos, loterias ou negócios, eu afirmaria o seguinte: você é quem deve se colocar vibrando positivamente nessa questão ao procurar concretizar certas expectativas, a partir da utilização das técnicas que ensino no transcorrer do livro e, mais precisamente, na próxima seção.

Técnicas para se jogar com sorte em loterias, cassinos, bingos...

1º passo: você deve procurar um lugar tranqüilo e ficar numa posição bem relaxante e confortável para que possa se concentrar. Feito isso, comece a buscar em sua mente qual a semana do mês, ou o número do concurso, até você visualizar, nitidamente, em sua mente alguns números.

Depois de ter visualizado o número do concurso, ou a semana, passe para a visualização dos números que serão premiados. (Detalhe importante: pesquise, estude, leia, procure saber onde se realiza o sorteio, ou seja, tudo acerca da loteria — como é feita, quais os dias, a que horas é realizado o sorteio —, enfim, o máximo que puder saber a esse respeito. Isso facilitará em muito sua visualização.)

2º passo: numa posição bastante cômoda, deitado ou sentado, relaxe, fazendo dez respirações profundas, contando em ordem decrescente, de dez a um. Em seguida, com os olhos fechados, visualize a seguinte cena: no local onde você está agora (sem interessar o país, a cidade ou o estado), você se divide em dois corpos, ou melhor, uma parte de você fica onde está, sentado ou deitado, e a outra parte vai flutuando em direção ao local do sorteio, não importando o tempo ou espaço. Visualize bem o caminho de ida, porque ele tem de ser o mesmo da volta.

Uma vez que esteja lá, não deixe de observar tudo à sua volta, para não se esquecer de detalhes importantes. Então, passe a visualizar-se lá, no local pretendido (auditório, por exemplo), sentindo (imaginando) as bolas numeradas sendo escolhidas. Observação: se você puder assistir pessoalmente a alguns dos sorteios, aumentará de fato o grau de realismo da técnica, e isso é muito importante. Faça tudo o que puder ser feito para aumentar esse grau de realismo.

Pois bem, se você já visualizou os números e já voltou pelo mesmo caminho, agora repita o trajeto por mais duas vezes, ou seja, relaxe, respirando dez vezes, e flutue novamente até o local do sorteio, capte os números e volte pelo mesmo caminho. Faça ao todo, por três vezes.

Você poderá perguntar: — já visualizei os números e a semana do concurso, que só acontecerá daqui a duas semanas (por exemplo), e o que é que eu faço enquanto isso?

Neste ponto, tem início o terceiro passo.

3º passo: consiste em mentalizar os números que você já viu sendo sorteados. Não é simplesmente pensar neles enquanto estiver indo para o trabalho, para o almoço etc. Se assim o fizer, estará gastando energia à toa. Pois o que deve ser feito é sempre se repetir, pela técnica aqui ensinada, o caminho já feito, a saída e o retorno, como foi percorrido na primeira vez e nas duas repetições sucessivas; e durante as suas visualizações, certifique-se de que os números sorteados sejam os mesmos vistos anteriormente.

Se você vai jogar num cassino, utilize essa técnica antes de ir lá. Não fique tenso e não beba, só porque a bebida é de graça. Se há uma roleta, tente sentir qual será o número da vitória, ou o quadrante, ou ao menos a cor. Se é *Black Jack* (21), mentalize e chame interiormente a carta que desejar; se é um jogo de dados, pense com tranqüilidade nos números que quer, sem dizer que você "precisa", porque este precisar desencadeia a ansiedade, que atrasa, quando não emperra todo o processo. Querer é poder.

Existe uma tal filosofia do tacho que é mais ou menos assim: há um tacho com água a sua frente. Você precisa desta água para se banhar. Se puxar o tacho com muita força, a água poderá balançar, ir para a frente e derramar. Em suma, faça de conta que não quer muito, puxe devagar e terá toda a água sem perda nenhuma.

Você tem de pensar sempre o que quer, e o que pode ter. Se precisar, não vá ao cassino, porque este "precisar" é postura de perdedor ou de derrotado, de pessoas que estão jogando *com a sorte* e não *com sorte*.

No bingo, no trabalho, no amor, é a mesma técnica: "Jogar com sorte."

É importante ter em mente que, quanto mais treinar uma técnica, melhor será o resultado, porque você, simplesmente, estará se tornando mais seguro e confiante. Nunca desista. Faça como nos próximos exemplos. Quando menos esperar, ou quanto mais relaxado e descontraído estiver na mentalização e na realização de seus propósitos, mais rápido alcançará o que todos nós queremos: *SORTE!*

Uma amiga minha, de nome Thereza Medeiros, do Rio de Janeiro, estava visitando Foz do Iguaçu, as cataratas e o Paraguai... e lembrou da técnica que passei para ela por telefone. Fez uma concentração no quarto do hotel em que estava hospedada, que tinha uma vista maravilhosa e um silêncio propício. Lá mesmo ela preparou um soro caseiro: sal, água e açúcar com uma pitadinha de farinha de trigo (sugiro esta mistura, pois ela aflora seu subconsciente e o mantém no nível mental ideal por mais tempo). E assim ela se concentrou, visualizando sua alegria no cassino. Chegava lá brilhando, sentindo uma sorte monstruosa, e os números nos quais ela se concentrava eram os números que davam. Então ela viu-se poderosa, quase como se pudesse mover mentalmente a bolinha, fazendo-a cair no lugar desejado. Respirava e sentia-se como se fosse parte daquela roleta.

À noite, ela foi ao cassino e ganhou quase 12 mil dólares.

Recomendações: nunca diga sua necessidade... (se você está precisando ganhar, você não pode ir ao cassino porque lá não é um lugar para quem *precisa* ganhar, e sim, para quem *quer*).

Nunca beba bebida alcoólica ou estimulante antes de ir ao cassino. Nem mesmo tome café. Pensar em sexo, estar menstruada, convalescendo, preocupado(a) ou desgostoso(a) também podem atrapalhar o seu desempenho no cassino. A pessoa tem de estar superbem interiormente. Não pode estar com raiva.

Só chegue ao cassino depois de ter tomado o soro caseiro cuja receita foi ensinada anteriormente.

Fique ali, à mesa da roleta bem tranqüilo, e tente sentir como você e a bolinha que cai nos números são uma coisa só. Tente sentir, até que chegue o momento em que você coloca num papel que vai dar vermelho e dá, que vai dar preto e dá. Vá analisando, e só depois de uns cinco minutos nessa sincronia com a roleta é que você deve começar a colocar suas fichas. Você tem capacidade tanto de se concentrar no mais difícil, que é o número que vai dar, quanto no mais fácil, que é a cor, vermelho ou preto.

Depois, um pouco mais difícil ainda, mas não impossível, é saber em qual canto da mesa vai dar o número que você quer. No canto esquerdo, no meio ou no canto direito? Então, feche com suas fichas todo o canto que você escolheu. Normalmente, um dos números sai naquele canto que você fechou.

Ana Magalhães é uma estudante de 17 anos, de São Paulo. Eu passei a técnica para ela por telefone.
Ela fez um joguinho na Mega-Sena de R$ 1,00. Acertou cinco dos números e o outro, ela marcou um, e deu o de cima.
Ela quase fez a Mega-Sena que estava acumulada. Concentrou-se nos números, desenvolvendo a técnica somente três vezes. Na primeira, ela acertou um número. Na segunda, acertou dois e na terceira, acertou cinco. E com cinco números já ganhou um bom dinheirinho.

Meu barbeiro, Deusvaldo, 31 anos, que mora em Taguatinga, Brasília, gosta de jogo do bicho, e queria uma técnica para ganhar nesse jogo.
A técnica que ensinei para ele foi a seguinte: quando fosse dormir, apanhasse um papel e um lápis e dissesse para si próprio antes de pegar no sono: "Se for importante para meu equilíbrio físico e psicológico, vou me lembrar com nitidez do sonho ou sonhos que tiver durante a noite. E quando acordar, ou mesmo se acordar no meio do sonho, vou calmamente pegar o lápis e o papel que estão aqui a meu lado e anotar os sonhos para que, de manhã, possa recordar."
Ele deveria mentalizar essas palavras e tomar em seguida nosso soro caseiro, para que o ajudasse a entrar no nível alfa mais rapidamente.
Nas primeiras vezes, não aconteceu nada... Na verdade, acho que aconteceu, só que ele não lembrava. Até que hou-

ve um dia em que ele lembrou: recordou que estava numa festa e um homem o tirava para dançar; ele achou estranho aquilo. Acordou, anotou no papel, mas não entendeu o que queria dizer.

Ao ir para o salão da barbearia naquele dia, ele fez um jogo do bicho, um jogo qualquer. Não ganhou, mas quando foi conferir viu que tinha dado veado. Deu veado na cabeça, e ele lembrou do sonho. Aconteceu da forma correta, só que ele não soube interpretar.

Na segunda vez, Deusvaldo sonhou com uma festa de cigano, anotou. E, desta vez, ele já soube interpretar. Pensou: cigano gosta de cavalo, jogou no cavalo e deu cavalo na cabeça. Acertou e ganhou uma graninha boa.

Um tempo depois, sonhou que estava em casa lendo um livro enquanto sua mulher corria, o tempo inteiro, atrás de um gato, que estava quebrando todas as panelas. O gato também pulava em cima de um armário e caía no chão. Ele acordou de manhã e anotou. Só que ele passou um tempão tentando entender. Jogou no gato, mas não deu gato, deu burro. Então um amigo dele, rindo, falou:

— Claro, Deusvaldo, gato que cai não é gato, é burro!

Deusvaldo ainda está jogando. Não só comprou o salão do lado, como também já tem outros dois salões no bairro.

VIVENDO COM SORTE

*Quem vive com sorte,
certamente, joga com sorte.*

Tesouros perdidos

As profundezas dos mares são menos conhecidas do homem do que a superfície da Lua. Guardam não só mistérios, mas também tesouros fabulosos que se perderam em naufrágios pelos mais diversos motivos.

Muitos outros tesouros também estão enterrados em locais desconhecidos, à espera de que alguém os encontre.

As histórias a respeito desses tesouros são inúmeras. E o comum é pensar nelas apenas como lendas, criadas por pessoas de imaginação fértil. Apesar disso, de tempos em tempos, surge a inesperada comprovação da existência de alguns desses tesouros perdidos, feita geralmente por aventureiros, geólogos, arqueólogos, mergulhadores e profissionais afins, no decorrer de suas pesquisas.

Vejamos algumas:

O tesouro de João Sem Terra

Em 1246, na Inglaterra, o rei João Sem Terra tornou-se impopular, perdeu o trono e teve que sair correndo de Londres. Mas, na fuga, ele levou um tesouro colossal, que compreendia sua riqueza pessoal: a coroa cravejada de brilhantes, junto com os presentes ganhos durante seu reinado, tudo estimado em cerca de um milhão de libras esterlinas. Em

Wellstream, as carroças carregadas com o tesouro e seus cavaleiros foram tragados por areias movediças, salvando-se apenas alguns homens que correram a levar o fato ao conhecimento do rei. O rei João ficou tão abalado com a tragédia que — conta-se — veio a falecer dias depois. O tesouro que afundou na areia jamais foi encontrado.

Port-Royal

Em 7 de julho de 1692, uma grande tragédia se abateu sobre o último reduto dos corsários ingleses no Caribe. Um terremoto destruiu totalmente a cidade de Port-Royal, que afundou e foi coberta pelo mar, arrastando cerca de duas mil pessoas e, ao que tudo indica, um tesouro valorosíssimo.

Depois de quase três séculos, a bela Port-Royal foi descoberta pelo geólogo Ed Link que, auxiliado por uma equipe de estudantes, está tentando desenterrá-la.

Capitão Kid

Em Oak Island (EUA), há outro tesouro perdido que, segundo alguns, foi enterrado pelo legendário Capitão Kid ou, conforme outros, pelo Capitão Teach, o famigerado Barba Negra. E, ao que tudo indica, parece tratar-se de vários cofres de ouro. Muita gente já tentou encontrá-lo, mas ninguém conseguiu ainda chegar ao tesouro.

O ouro de Lobergula

Em 1892, na Rodésia, África, Lobergula, o rei zulu, pressentindo a aproximação de uma guerra devastadora, chamou seu ajudante e intérprete John Jacobs e organizou uma expedição para enterrar, bem longe, dois enormes cofres contendo um tesouro de ouro e diamantes, no valor de dois milhões de libras esterlinas Dois anos depois, Lobergula morreu. Jacobs tentou voltar ao local do tesouro, mas jamais conseguiu encontrá-lo novamente.

O tesouro dos hebreus

Um dos mais antigos tesouros fabulosos data do século VI a.C., quando o imperador babilônico Nabucodonosor destruiu Jerusalém e o profeta Jeremias enterrou o tesouro sacerdotal dos hebreus numa caverna junto ao monte Nebo. E até hoje ninguém encontrou a entrada dessa caverna.

A corrente de Cuzco

Cuzco era a riquíssima capital do reino dos incas antes da conquista espanhola. Basta dizer que a grande praça do mercado era inteiramente cercada por uma corrente de ouro maciço!

Conta a lenda que essa corrente foi ocultada em algum ponto da cordilheira dos Andes, onde se encontra até os dias de hoje.

A caverna de Ali Paxá

Segundo uma velha história, no início do século XIX, Ali Paxá, o temível chefe dos bandidos albaneses, possuía riquezas imensas.

Esse tesouro teria sido enterrado junto à fronteira, entre a Grécia e a Albânia. Julga-se que, após a morte de Ali Paxá, os guardas do tesouro tenham fugido com toda a riqueza. Mesmo assim, a região sempre atraiu a cobiça de aventureiros que para lá vão à procura do tesouro.

O galeão espanhol

O Brasil também está no roteiro dos tesouros perdidos. Veja:

Em 1718, um galeão espanhol que vinha do Chile, carregado de prata, foi atacado por corsários e afundou na baía de Paranaguá, no Paraná. Em 1731, após persistente trabalho, mergulhadores retiraram montes de prata e armas de artilharia, mas o cofre maior, contendo jóias e mais de duzentos mil dólares em ouro, ainda está no fundo do mar.

E temos também, entre outros, um roteiro que descrevo a seguir:

O roteiro do ouro do português Urbano do Couto Menezes, no Distrito Federal

"Trata-se de uma fabulosa mina de ouro que, de tão puro, segundo a tradição oral, extrai-se da rocha a golpes de machado e marreta.

Descoberta pelo português Urbano do Couto antes de 1750, permaneceria recôndita até hoje, nas redondezas de Brasilinha, oficialmente Planaltina de Goiás, na verdade região metropolitana de Brasília, pois a grande maioria das pessoas que ali vivem trabalham no Distrito Federal.

Urbano do Couto Menezes, o Urbano das legendas, é um personagem claramente identificado na história das minas de Goiás no século XVIII. Teria vinte anos ao acompanhar o Araguaia à conquista dos Goiazes, em 1722. Com o êxito da Bandeira, em 1728, solicitou ao governo de São Paulo uma sesmaria de terras no caminho dos Goiazes, à guisa de recompensa pela descoberta do novo *Eldorado*.

Em 1730, já estava no planalto, guiando a expedição com que Manoel Rodrigues Tomar fundou Meia Ponte, atual Pirinópolis (GO).

Em 1736, participou da abertura do caminho de Minas para Goiás, pelo que obteve do governo mineiro uma outra sesmaria de terra."

O que diz o famoso roteiro?

"Irão os meus novos bandeirantes dessas minas americanas pela picada da Bahia que vai para Goiás, ao lugar mais alto da terra, de onde emanam quatro ribeirões, dos quais ficarão intituladas as suas cabeceiras, estas as principais do rio Preto, no arraial de Couros, São Bartolomeu, Paranam e Maranhão:.

Desta altura [da Chapada do Pipiripau] verão três lagoas em carreira, em campinas claras, verão um poço sem praia nem alcance de fundo, verde cor de mar que não seca nem vaza, quer no inverno quer na calma...

O poço fundo sem praia e nem alcance de fundo é um fantástico monumento da natureza, um lago redondo, de águas verdes, formado no solo de enorme cratera circular em meio ao cerrado plano. Em seu centro, o lago não tem fundo conhecido.

Desta altura verão um morro de feitio de uma canastra, em mês de agosto, da parte que entra o sol, não o primeiro, ao segundo, um morro Três Irmãos...

Depois de passarem quatro ribeirões de matos e rochas ou rochas e montes, verão três pés de buritis, vão acima deles, não o primeiro, o derradeiro — e verão um morro do feitio de um cuscuzeiro, e pela parte da serra cacem e verão ouro bom, e se acharem pela cinta cabeça, encontrarão grandeza tal que não terão visto em Goiás. Palácio da Ajuda, 30 de julho de 1750. Em nome de S.M.S D. Mariana, mulher do senhor D. João V, mandou para ser arquivado no Palácio da Capitania de Goiás."

Eis aí o que o roteiro concluiu com grandes anúncios de riqueza e pouca clareza para se buscar o tesouro.

A base do mito porém é real. Urbano do Couto Menezes existiu, foi grande explorador e geômetra prático. *Fonte: Bismarque Vila Real.*

De acordo com estudos que faço, utilizando mapas, radiofotos, fotos de satélites, somados à minha sensibilidade paranormal, posso afirmar-lhes que no Brasil há ainda muitas cidades perdidas e tesouros a serem descobertos.

O Gênio da Moeda

Há 12 anos, mais ou menos em 1987, tive uma visão muito interessante, que ajudou a mudar minha vida, e a qual chamei *O Gênio da Moeda*.

Estava eu despertando do sono que tive pela manhã e, então, veio-me a visão de um dentista que estava com sua vida arrasada. Os poucos clientes que lhe restavam estavam indo embora, chamando-o de açougueiro. A mulher de quem ele gostava não mais queria saber dele, e dizia que se casaria com outro. Enfim, o que havia de pior lhe acontecia. No auge de seu desespero, ele decidiu pôr fim à vida. Comprou um pedaço de corda, pensando em enforcar-se, e então, de volta ao consultório, desesperado, amarrou a tal corda numa viga no teto e, cuidadosamente, colocou o laço que fizera para o pescoço em volta da cabeça, preparando-se para pôr fim à vida. No auge do tresloucado gesto, a porta se abre e aparece um homem que diz ser o *gênio dental*, e revela que está ali para atendê-lo no que ele quisesse, caso concordasse em colocar um dente debaixo do travesseiro em que dormia. Só assim poderia ter todos seus desejos e ânsias atendidos e seus problemas financeiros solucionados. O dentista, logo que o *gênio dental* se despediu, apelando para esta última esperança, obedeceu.

Seguindo à risca o que o *gênio dental* disse, não demorou muito para que a mulher voltasse para ele, os clientes antigos retornassem e muitos outros, novos, de todas as partes do país, viessem se consultar e fazer tratamento dentário com ele.

Sua vida de dentista tornou-se um inferno, pior do que se ele tivesse se matado: sua agenda ficou abarrotada, e a mulher, fogosa, como em lua-de-mel, clamava sua presença viril.

Até que chegou o dia em que todos os clientes e a mulher vieram juntos ao seu consultório. De uma só vez, queriam a atenção do dentista e, logo, se formou uma multidão que corria atrás dele, e rasgava sua roupa. Ele corria pela cidade afora e a turma, atrás, até que apareceu um trem em movimento, e ele conseguiu pular para dentro de um dos vagões.

No vagão havia alguns mendigos e um deles lhe perguntou o que ele fazia. Respondeu ao mendigo que era dentista.

E, para sua surpresa e espanto, um dos outros mendigos disse:

— Não me diga que você também conheceu o *gênio dental*.

— Diga onde ele está, porque eu quero acabar com a raça dele — exclamou outro!

Por fim, fui lentamente acordando e escutando uma voz me dizer que, se o personagem tivesse colocado, em vez de um dente, uma *moeda* debaixo do travesseiro, tudo teria sido diferente. Para melhor, claro!

Foi o que fiz, e, desde então, minha vida, nos planos material, emocional, mental e espiritual, vem melhorando a cada dia. E não tenho nenhuma dívida, cuja quantia, representada pela moeda que guardo debaixo de meu travesseiro, todas as noites, não possa pagar.

Você não precisa esperar por um sonho desses, providencie já a sua moeda. Não importa o tamanho ou a cor, só o valor, que deverá ter o número 1 (exemplo: R$ 0,01, R$ 0,10, R$ 1,00), em moeda vigente no país.

Importante é também que você tenha certeza de que esse ritual poderá transformar sua vida e trazer Fortuna para ela. Faça!

Mas lembre-se: a força e a intensidade de seu poder de convicção darão a proporção exata da quantidade e do tamanho do fruto de sua colheita.

Prosperidade (Providência Divina)

A conscientização da percepção espiritual e das qualidades mentais, empregando as forças cósmicas por meio da prática, é de suma importância para que a sorte conviva constantemente conosco.

Observe que, ao trabalhar com o poder da mente, suas forças mentais não são exercidas somente em seu benefício, mas também em proveito do próximo. Com elas, pode vibrar em uníssono a Providência Divina, a qual também denomino Prosperidade.

De acordo com o nível de consciência, o homem recebe ou deixa de receber abundância de bens materiais.

Se compreender a Lei da Prosperidade (Providência Divina), o ser humano receberá segundo suas necessidades e atingirá todos seus propósitos. Muitas pessoas acreditam que a posse de bens materiais é fundamental para a felicidade. É fato que pode ajudar bastante. Doravante, não podemos confundir lei do consumo com Lei da Prosperidade.

Nada acontece por acaso, toda sua vida é governada por uma lei, e esta lei, para atrair a sorte, tem de ser compreendida e colocada em prática.

É absolutamente necessário que o leitor conheça profundamente a lei que governa a Prosperidade e a Opulência, de forma que possa comandar suas finanças, em vez de tornar-se vítima de condições adversas criadas por si próprio.

Se você tem carência de bens materiais é porque não emprega a Lei da Prosperidade em seu proveito.

Veja a seguir diferentes tipos de pessoas que tentam prosperar:

1º) Os físicos braçais: são pessoas que normalmente moram em cidades-dormitório, trabalham muito, perdem bastante tempo com locomoção e praticamente não encontram tempo para colocar em ação as leis da mente, e, assim, quase se privam por completo de seus benefícios.

2º) Os físicos mentais: são os burocratas, pequenos empresários — a classe média em geral. Estes já reconhecem as leis da Providência Divina, mas ainda empregam meios físicos para manifestá-las.

3º) Os puramente mentais: que sabem usar suas mentes em todas as direções e aplicam a força mental de forma tão completa que recebem tudo o que desejam, sem grande esforço físico.

Estes tiram o máximo de proveito da Lei da Providência Divina.

Se estivermos ocupados ou envolvidos demais com nosso trabalho, dificilmente teremos tempo para ganhar dinheiro, limitando-nos inteiramente a pequenos salários.

Não entenda que devamos fazer uma "operação tartaruga" ou sermos negligentes em nosso trabalho, mas sim que sejamos trabalhadores conscientes de que a mente deve sempre se sobrepor ao físico.

A Lei da Providência Divina para atrair a sorte

Para obtermos o apoio da Lei da Providência Divina começaremos por visualizar positiva e criativamente o que desejamos, levando em conta as dez regras técnicas e básicas a seguir.

1ª) Ter a certeza do que vai pedir: isto afasta as dúvidas.

2ª) Visualizar mental e criativamente aquilo de que se dispõe, até atingir o objetivo almejado, não importando o tempo dispensado.

3ª) Pedir, não implorar. Na oração que Cristo nos ensinou, o *Pai-Nosso*, há sete petições e não sete implorações. Eduque, então, sua mente para ver e desejar sempre o lado bom e positivo das coisas.

4ª) Especificar, ser claro e objetivo. (Uma mulher fez um pedido: "Aos quarenta anos, não quero mais trabalhar." Quando chegou aos quarenta, teve um câncer e se aposentou. Ela esqueceu de especificar: "Quero parar de trabalhar aos quarenta anos e gozar a vida com saúde, poder e riqueza.")

5ª) Não gastar a energia em vão. Saber pedir e esperar, e saber persistir para que, no decorrer da espera, não haja desânimo.

6ª) Não ser impulsivo. Relaxar; a mente trabalha melhor quando o corpo está tranqüilo.

7ª) Não ser impaciente. Fazer a visualização com força e determinação e não com excitação. Não podemos esvaziar o oceano com um caniço.

8ª) Sentir. Visualizar como se já se estivesse recebendo o que foi pedido. Não se prender ao tempo que decorrerá para a concretização do pedido.

9ª) Visualizar com intensidade, dedicação, gosto e persistência para transformar a energia, por sua vez, rapidamente em coisas realizadas, materialmente falando.

10ª) Repetir mentalmente: "A aura de meu pedido já está comigo, agora ele é meu." Isso agilizará a sua manifestação.

E assim é! E assim será!
E assim é! E assim será!
E assim é! E assim será!

A sorte e a Esfera da Fortuna

Para determinar um grau de sucesso é preciso que realmente se deseje ter ou se crie o que foi determinado. Esse desejo não deve ser compulsivo, mas sim uma resolução firme e definida.

Faça a si a seguinte pergunta: "Eu realmente desejo de todo o coração que meus objetivos sejam realizados?"

Se quiser aprender o segredo, seja justo e equilibrado, pois essas forças, sendo usadas para o bem, realizam coisas incríveis. Você também pode utilizar a técnica seguinte, que ajuda. E deixe o resto por conta de Deus.

Sente-se ou deite-se. Se houver mais pessoas presentes, intercalem-se homens e mulheres em forma de círculo. Cada um dos participantes deverá escolher uma cor qualquer do arco-íris (não importa se houver coincidência), para a mentalização, e/ou uma das letras do alfabeto grego (alfa, beta, gama, ômega etc.), ou as iniciais do próprio nome. Essas deverão ser visualizadas durante toda a técnica em substituição ao nome ou à imagem física da pessoa.

Em seguida visualize-se, pelo símbolo escolhido, dentro de um círculo, ao qual chamará "Esfera da Fortuna", juntamente com as sete cores do arco-íris (vermelho, laranja, amarelo, verde, azul, azul-anil, violeta), a letra grega (se você a escolheu), ou as iniciais de seu nome.

Faça um aprofundamento mental extraconsciente em nível dez, também conhecido por Nível Teta, ou seja, dez respirações, contadas em ordem decrescente, da 10ª à 1ª. Após o relaxamento, passe a fazer a aplicação do poder da mente, utilizando a Aplicação dos Recursos da Mente (A.R.M), que se segue:

1º passo: imagine-se girando no sentido horário dentro de um círculo. A imagem que se formará é o que se chama Esfera da Fortuna. Quanto mais rápido a esfera girar mentalmente, mais as cores do arco-íris e seus pensamentos irão irradiar-se. Pense em coisas que deseja realizar e veja, mentalmente, a Esfera da Fortuna tocando-as...

2º passo: aumente ainda mais a velocidade do giro para que a esfera saia mentalmente do ambiente, passando, então, a girar em várias dimensões e a emitir as sete cores do arco-íris (raios), com todos os seus pensamentos e desejos, fazendo com que estes se expandam por todo o universo.

3º passo: imagine a esfera como se fosse um ímã passando por onde quiser e atraindo o que quiser.

4º passo: finalize o exercício da esfera voltando lentamente a seu estado normal (consciente), deixando, então, a Esfera da Fortuna girar no universo criado por você.

Lembre-se sempre, porém, que você é o controlador da Esfera da Fortuna. Mentalizará e visualizará seus pedidos, objetivando-os nos planos material, espiritual e mental, emanando desejos de grandiosidade e fartura no amor, na felicidade, na saúde, no dinheiro, enfim, em todas as coisas positivas, e na realização de seus pedidos.

Mas lembre-se também que, para desmanchar ou desfazer (repelir) alguma coisa, há que se utilizar o mesmo processo, porém girando a Esfera da Fortuna no sentido anti-horário.

E assim é! E assim será!
E assim é! E assim será!
E assim é! E assim será!

Paralela da Fortuna
(saúde, poder e riqueza)

Esta técnica tem de ser feita em 28 dias seguidos, todos os meses. A paralela não pode ser interrompida durante os primeiros 27 dias e, para realizá-la, você precisa ter à mão uma caixa, um pé de meia ou um cofre e cédulas ou moedas de um real, uma para cada um dos 27 dias do mês.

Para cada dia, faça mentalmente esta reflexão, de uma a três vezes, no momento de depositar a moeda do dia: "Estou ficando rico(a), rico(a), rico(a), depositando estas notas, (moedas) de um real do dia primeiro ao dia vinte e sete de todos os meses, que recolherei no dia vinte e oito de cada mês para depositá-las em minha conta bancária, desejando a todos os que fazem a Paralela da Fortuna muita saúde, poder e riqueza — e que eu também esteja incluído(a) nas riquezas de Deus."

Então você terá 27 reais e, repito, recitando os dizeres da Paralela da Fortuna, de uma a três vezes ao dia, as cédulas ou moedas estarão sendo imantadas uma a uma. Assim, no dia 28 de cada mês, ou no próximo dia útil, você terá 27 cédulas ou moedas magnetizadas para depositar em sua conta bancária. Deposite-as!

Imagine sua conta bancária sendo imantada positiva e poderosamente, não só pela sua, mas também pela energia de milhares de pessoas que estão comprando este livro e pondo em prática suas técnicas.

Sirva-se! Possibilite a si abraçar sua sabedoria ao invés de amargar o isolamento da ignorância.

E quando você, leitor, estiver magnetizando seu dinheiro, não deixe de pensar sobre isso, porque você não está só. Você não tem idéia de quantos estão trabalhando por você, com você e para você. É uma imensa quantidade de pensamentos e energias positivas que atua através de você, com você e à sua volta.

Pensamentos são energias que, por sua vez, transformam-se em realizações a cada passo que você dá em direção ao inusitado e ao inigualável poder da mente, transformando em fatos reais o que, para muitos, pode ser simplesmente uma mera utopia.

E assim é!
E assim será!
E assim será...!!!

CONFIE E NÃO VACILE COM A SORTE

*Para passar sem cair é
preciso passar sem medo.*

Confie e não vacile

Certa vez, dois homens foram passar para a outra margem de um rio, cuja ponte era um tronco de árvore. Um era resoluto e corajoso; o outro, vacilante e tímido. O primeiro passou com a facilidade com que teria passado um macaco. O segundo chegou até a metade, pisou em falso e só não caiu na água porque abraçou o tronco. Depois de conseguir se reequilibrar, ajeitou-se novamente e em seguida completou a travessia, com todo o cuidado, engatinhando:

— Assim não — gritou o primeiro. — Para passar sem cair é preciso passar sem medo.

Passar sem medo — eis a chave do triunfo. O primeiro passo no caminho do êxito é tomar uma atitude triunfante, inspiradora, de confiança em si próprio e nos outros, uma postura que revele a certeza de seu êxito em seu próprio semblante.

Faça de si um julgamento com franqueza, sem vaidade, sem orgulho, sem presunção e sem injustiça, medindo-se com pesos legítimos.

A dúvida e o medo agem desfavoravelmente sobre você e destroem sua influência positiva sobre os outros.

Uma expressão acanhada é recebida com pouco caso; um rosto deprimido e desalentado gera, para os outros, a falta de confiança e a insegurança... E quando a primeira impressão é desfavorável, imediatamente tem lugar a formação de um conceito ruim, que só com muita dificuldade consegue ser mudado. Esforce-se, pois, para que seu semblante irradie alegria, para que suas palavras traduzam certeza e para que seu tom de voz repercuta decisão.

Você deve, portanto, ter sempre um caráter firme.

Se mantiver em sua mente, a cada passo, uma vitoriosa concepção da vida, sempre em seu aspecto triunfal, a vitória será sua.

A verdadeira beleza consiste, acima de tudo, na pureza, porque não há beleza sem verdade e esta é infinitamente mais cara do que qualquer outra honraria ou fortuna.

Em meu caso, ser tratado como *The decade's psychic* [O paranormal da década], por exemplo, não passa de um simples e pesado fardo. O que até agora me salvou da opressão desta expressão foi o reconhecimento de minha pequenez.

É comum a convivência com pessoas que estão absorvidas em tudo que é material, controladas pela lei do consumismo, cujas mentes pouco se ligam ao verdadeiro sentido da vida.

A saúde física, mental e espiritual não é somente a ausência de doenças, mas também a presença verdadeira e permanente da felicidade, que só pode ser conseguida por meio do conhecimento, do poder que emana da mente humana, que por sua vez, além de físico, mental e espiritual, é acima de tudo produto do próprio pensamento. O que se pensa ser, é o que se é.

Quanto maior for a motivação para a produção de seu poder mental, mais ele crescerá e mais forte se tornará. Em outras palavras: é mais importante a partida com esperança do que a chegada com triunfo.

O pensamento, para ser positivo e atrair boa sorte, requer disciplina e uma cadeia de comandos, senão é ele que nos usa. Com fé, coragem e confiança, sua influência será atrativa e vasto o campo de sua atuação.

Sua mente forte lhe dará não só o Poder do Pensamento Positivo, mas também da Ação Positiva. Ao passo que o pensamento negativo nada lhe trará e, paulatinamente, irá retirando de você seu bem mais precioso, sua própria vida.

O poder positivo da mente a que me refiro é muito mais sólido do que seu contrário. Ele age de forma equilibrada e misteriosa, poderosa e definitiva e, ao mesmo tempo, tranqüila e silenciosa. A sorte emana justamente deste equilíbrio, desta maneira de viver a vida. Numa casa malcuidada não reside o desejo de vida, de beleza, de prosperidade etc.

Seu corpo e mente formam, juntos, sua primeira e maior casa. Nela reside toda sua essência divina que, se cuidada e programada para ser próspera, assim o será.

Assim é!
E assim será!

O exemplo da sorte do rei Midas

Midas era rei da Frígia, no tempo em que os deuses conviviam com os homens. Certa vez, Baco, o deus do vinho, ficou satisfeito com Midas por este lhe ter encontrado um velho amigo perdido. Como prêmio, Baco disse a Midas que ele podia escolher a recompensa que quisesse. Então Midas respondeu que queria ter o dom do ouro, isto é, queria que, dali por diante, tudo que ele tocasse virasse ouro. Baco, embora contrariado, atendeu ao pedido. Ele esperava que Midas escolhesse melhor. Midas ficou muito feliz e voltou a seu palácio. No caminho, tudo o que tocava virava ouro: pedras, espigas, cachos de uva, tudo! Assim que tocou na porta, esta virou ouro. Entrou no salão real e pediu que lhe servissem uma grande refeição. E só aí percebeu o grave erro que cometera: todos os alimentos que pegava viravam ouro. Resolveu então beber. Pegou a taça de vinho e logo a taça e o vinho se transformaram em ouro! Deu um soco no rosto, para se castigar, e seu rosto virou ouro. Ergueu as mãos para o céu e implorou a Baco que lhe retirasse aquele dom maldito. Baco mandou que Midas se banhasse nas águas do rio Pactolo. Ele, seguindo tal instrução, entrou no rio e, então, as areias viraram ouro e o encantamento passou. A partir daí, Midas passou a odiar toda riqueza e deixou seu maravilhoso palácio. Foi viver nos campos e bosques, dedicando-se à adoração de Pã, o deus da Natureza.

Para atrair a boa sorte de acordo com as técnicas da Lei da Providência Divina, que citei no capítulo Vivendo com Sorte, (pág. 35), por sua regra nº 3, o rei Midas esqueceu-se de especificar com clareza seus objetivos.

Os midas atuais

Esse modelo de infelicidade é semelhante ao que ocorre com uma pessoa que passa a vida inteira andando de avião. Ela pensa que conhece todas as cidades, seus habitantes, costumes e paisagens. Mas, na verdade, o que ela conhece são aeroportos, hotéis, escritórios e salas de convenções.

Alguns midas modernos não se preocupam em acumular riquezas materiais. Imaginam-se reis, dão mais importância ao *status*, procuram acumular poder por meio de cargos ou títulos e tornam-se arrogantes, porque acham que detêm muitos conhecimentos. Tanto faz: matéria ou poder são diferentes sim, mas o efeito é o mesmo, ou seja, a pessoa torna-se escrava de seu interesse pessoal e, em pagamento, dá sua liberdade.

É triste ver pessoas que chegam aos cinqüenta anos e descobrem que passaram a vida inteira correndo atrás de bens vazios.

Os reis midas da modernidade vivem uma infelicidade dourada. São pessoas carentes em meio a aplausos, dentro de carros maravilhosos, em jantares magníficos e, principalmente, na solidão de suas gaiolas de ouro. Podem comprar qualquer coisa que o dinheiro permita, mas não conseguem sentir paz ou desenvolver relacionamentos duradouros.

Quando alguém consegue ver o todo, a vida adquire um sentido maior para conquistar. E o *ter* passa a ser substituído por *assumir*. As ações passam a ser orientadas pela alma. Nesse momento, aparecem as perguntas "por que" e "para que", e deixa-se de aceitar convites simplesmente porque eles dão mais *status* ou poder.

Troque de vez em quando a vida barulhenta pela voz de seu coração. Quando as palavras se calam em seu interior, você experimenta a sensação do divino. As noites agitadas de quem não quer perder nada são substituídas por encontros mais tranqüilos dentro da própria alma.

Viver no silêncio de seu ser consiste em esvaziar seu coração de todos os desejos, pensamentos, fantasias, de tudo o que você guardou dentro de si e deixar um espaço para sua alma se expressar claramente.

Na Índia, os mestres dizem que a estrada mais longa que existe é a que vai do cérebro ao coração.

Somente a sabedoria pode fazer as pessoas descerem do pedestal de super-homens para serem gente de verdade. A vaidade transforma-se em simplicidade.

Aprender a ter sorte é saber escolher, saber ouvir a voz de seu interior. É preparar-se para a vitória e ter a coragem de percorrer o caminho.

Pão-duro, o escravo do dinheiro

Todo mundo sabe como é um sujeito pão-duro. Essa expressão é um dos sinônimos populares para os conceitos de avarento, sovina, mesquinho. Outros sinônimos populares muito conhecidos são: muquirana, unha-de-fome e mão-fechada.

O pão-duro tem um amor exagerado ao dinheiro. Só pensa em economizar, guardar dinheiro e tem um verdadeiro pavor de gastar. Mas por que pão-duro? O avarento prefere comer pão amanhecido a ter de gastar dinheiro na compra de pães novos. Só que um legítimo pão-duro jamais compraria pão a mais para ficar amanhecido ou sobrar.

Na história dos povos, sempre existiu o pão-duro e muitos deles até se tornaram milionários de tanto guardar tostão. Claro que poupar é uma boa atitude. Poupar é não gastar dinheiro à toa em coisas desnecessárias. Mas pão-durismo é diferente: é só pensar em guardar, não gastando nem com as coisas mais necessárias, sempre economizando um dinheiro que deixa de ter significado, pois não se converte em coisa útil.

A figura doentia do pão-duro inspirou muitas obras literárias. Já na Roma antiga, Plauto escreveu a peça *A Aululária*, em que o velho Euclião passa o tempo todo tentando esconder uma panela cheia de ouro e sofre com isso, pois desconfia de todos: chega a dar uma paulada na cabeça de um pobre galo só porque ele arranhava o chão onde estava escondido o tesouro. No século XVII, o grande teatrólogo francês Molière escreveu *O avarento* e criou Harpagão, um sovina incorrigível que também esconde uma caixinha com muito dinheiro. O avarento é também uma personagem de um conto de Natal de Charles Dickens, escritor inglês (1812-1870): "O Velhote Scrooge", que, no final da história, muda seu estilo de vida depois de ter algumas visões que lhe mostram o quanto havia andado errado.

A sorte não vem para as pessoas que deixam de viver. Ela só existe e chega para aqueles que sabem viver com equilíbrio as coisas boas da vida. A sorte não está em acumular, mas em saber ter. Quem só vive de acumular esquece de desfrutar, de emitir e de trocar energias. E como a sorte é uma energia, jamais virá para quem só aprendeu a economizar e/ou acumular.

"Quando o amor é artificial, o dinheiro torna-se fundamental."
Osho

A energia dos deuses: dinheiro e sorte

Os antigos gregos tinham um deus para cada coisa.
Até para o dinheiro. Hermes era o deus do Comércio, mas Plutão o do Dinheiro: um velhinho cego que levava uma bolsa cheia de dinheiro na mão. Como não podia distinguir uma pessoa boa de uma pessoa má, distribuía dinheiro para todo mundo. Ele sempre aparecia devagar, mancando, se arrastando, mas ia embora rápido, voando.

Com isso, os gregos queriam dizer que o fato de uma pessoa ser rica ou pobre não significa que ela seja, respectivamente, boa ou má. E que o dinheiro, com que todo mundo é contemplado, chega devagarinho, com muita dificuldade, mas pode ir embora rapidamente, se a pessoa não souber cuidar dele.

Do nome do deus Plutão deriva a palavra plutocracia, que quer dizer "a classe que predomina numa sociedade graças ao dinheiro", ou a "predominância dos homens ricos", ou ainda a "influência do dinheiro".

E o deus mais diretamente ligado à sorte era o Destino. Acreditavam os antigos ser ele uma divindade cega, inexorável, nascida da Noite e do Caos. Todos os demais deuses, por mais fortes que fossem, estavam sob o domínio do Destino. Nenhum deles podia fugir a suas leis. Nem mesmo Júpiter (Zeus em grego), o mais poderoso de todos.

Outra divindade muito ligada à sorte era Juno (Hera), que

tinha a missão de distribuir os impérios e as riquezas entre os homens. Os casamentos estavam também sob influência desta deusa.

Já a filha mais poderosa de Júpiter, Minerva (Atená), deusa da Sabedoria, das Ciências e das Artes, podia conceder o dom da profecia, prolongar a vida dos mortais e dar-lhes felicidade após a morte. Por isso, muitas cidades do mundo antigo buscavam a proteção de Minerva, mas sua cidade favorita sempre foi a própria Atenas.

Mercúrio (Hermes) era o deus que protegia e dava sorte aos viajantes, aos mensageiros, aos comerciantes e aos ladrões. É que Mercúrio fazia o leva-e-traz dos deuses do Olimpo, especialmente de seu pai, Júpiter.

Sendo meio mau-caráter, ainda criança, inventou de furtar o tridente de Netuno, o deus do Mar. E mais tarde escamoteou as flechas de Apolo, a espada de Marte e o cinto de Vênus. Um verdadeiro assaltante!

Havia ainda as três Parcas, filhas da Necessidade e do Destino: Cloto, Laquéses e Átropos. Elas fiavam a teia do destino dos homens: Cloto pegava na roca (aparelho rústico usado para fiar e tecer), Laquéses girava o fuso e Átropos cortava o fio com uma tesoura.

A Fortuna, outra divindade a decidir a sorte dos homens, por sua vez, distribuía os bens e os males a seu gosto. Higélia, filha de Esculápio, deus da Medicina, velava pela saúde dos mortais. Eram objeto de seus cuidados não só os homens, mas também os animais.

Enfim, a deusa que distribuía a sorte era Vitória. Ela teve muitos templos na Grécia e em Roma e, sempre, era representada com asas e com uma coroa de louros numa das mãos e uma palma na outra.

A sorte de alguns dos grandes homens de nossa História

Henry Ford

Henry Ford nasceu em 1863, em Greenfield, Michigan, EUA, numa família muito pobre, e trabalhou desde pequeno: já era mecânico de automóveis aos 16 anos.

Estudando à noite, formou-se em Engenharia e foi trabalhar na Edison Illuminating Co., do famoso inventor da lâmpada elétrica.

Entre 1892 e 1893, construiu sozinho seu primeiro automóvel com um motor de quatro cilindros. Conseguindo um empréstimo, fundou, em Detroit, a Ford Motor Company, para produzir seu modelo A.

Ford teve a grande idéia de simplificar os principais componentes de seus carros, de modo a poder fabricá-los em série, barateando os custos.

Assim, seu invento logo se tornou popular e a Ford cresceu até se tornar o verdadeiro império que é hoje.

Rockefeller

John Davidson Rockefeller nasceu em 1839. Começou a vida muito pobre. Mas seu tino comercial fez com que, aos 16 anos, comprasse uma partida de lenha e, em cima dela, corajosamente descesse o rio Ohio. Alguns quilômetros abaixo, vendeu tudo com cem dólares de lucro. Daí em diante, ele prosperou até se estabelecer como corretor junto com alguns amigos, depois de conseguir um empréstimo de dez mil dólares quando tinha vinte anos.

Quando descobriram petróleo nos Estados Unidos, lá foi Rockefeller atrás. Comprava tudo: fábricas, refinarias, poços, companhias, tudo que pudesse significar concorrência a seus negócios. Assim, sua empresa, a Standard Oil Company, tornou-se a monumental companhia atual.

DuPont

Em 1801, um químico francês, I. DuPont de Nemours, desembarcava em Nova York para iniciar nova vida. Este emigrante sabia que o governo americano estava a braços com o problema dos malfeitores que infestavam o bravio Oeste. Não teve dúvida e montou uma fábrica de pólvora que passou a abastecer o governo. Depois que a ordem foi restabelecida no Oeste, a produção da fábrica continuou sendo adquirida pelo governo. Assim, DuPont lançava os alicerces da grande empresa químico-industrial que seu descendente Pierre Samuel (1870-1954) transformou nesta potente indústria de nossa época.

Hoje, a Companhia DuPont é uma empresa gigantesca com capital superior a dois bilhões de dólares, produzindo uma infinidade de artigos: fibras sintéticas e plásticas, filmes fotográficos e produtos de tabacaria, produtos agrícolas e petroquímicos, tintas e detergentes, medicamentos etc.

Deve-se a seus químicos alguns produtos mundialmente conhecidos e usados, como o celofane e o náilon, e pode-se dizer que a DuPont inaugurou no mundo a era do plástico. Hoje, o grande consórcio industrial emprega nada menos do que quatro mil cientistas.

A fortuna familiar dos DuPont é estimada atualmente em mais de cinco bilhões de dólares.

Para ganhar,
o forte finge-se de fraco,
e o fraco, de forte

Sabemos que a humanidade é constituída de fracos (perdedores) e de fortes (vencedores).

Vamos falar primeiro dos fortes! Estas pessoas calmas, equilibradas, que usam a *verdade* como seu escudo e sua força. Quando não podem falar a verdade, simplesmente se calam. Muito raramente alteiam a voz e, se provocadas, se chamadas para a briga, não se descontrolam e resolvem tudo pacificamente. Nunca se envolvem em brigas físicas ou discussões, porque sabem controlar seu lado emocional; essas pessoas têm consciência do que são e do que precisam, não costumam bajular nem abaixar a cabeça para ninguém. Ao mesmo tempo, são simples, discretas, com uma disposição amigável e, mesmo quando mais abertas, jamais são espalhafatosas ou exibidas. Para chegarem a esse ponto, elas usaram de sabedoria em seu dia-a-dia: pegaram cada limão que a vida lhes deu e transformaram em limonada. Nunca se acharam injustiçadas ou mesmo que a sorte as abandonara.

Essas pessoas, mesmo nascidas em um meio adverso, jamais se deixaram corromper, nem desanimaram, buscando incessantemente se livrar das negatividades que as envolviam. Sempre observaram cuidadosamente as pessoas à sua volta e com isso ficaram sabendo o que fazer e o que não fazer. Sua postura calma e de não-violência sempre incomoda os fracos, que as invejam e por isso as acusam de serem impassionais e de não reagirem. E é exatamente o contrário. Os fortes trabalham incessantemente seu espírito para não serem arrastados a uma condição de desequilíbrio e de desarmonia; por isso estão sempre atentos à alimentação, ao sono, ao sexo, evitando abusos. Os fortes sabem o que vale a pena, pois a vida já lhes mostrou que de suas atitudes dependem os resultados. Somos verdadeiros ímãs de coisas boas ou más... Quando os fortes enfrentam provações, eles sabem como agir. Usam sua inteligência, e não a força, e não ficam se lamentando ou apresentando desculpas para seus erros.

Quanto aos fracos, suas principais características são a arrogância e a prepotência, além de terem um ego tão desenvolvido que só conseguem enxergar defeitos nos outros, sem falar da inveja que sentem do sucesso dos fortes (a quem vivem a provocar). Em vez de irem à luta, os fracos perdem horas e horas se queixando e tentando atrapalhar a vida dos outros. Se soubessem transmutar-se (se ao menos tentassem), a vida lhes sorriria, certamente.

De um modo geral, os fracos ostentam esse ar arrogante, são valentões e por qualquer tolice partem para a agressividade. Eles acreditam que a força física é o que importa. Não raro, tudo em que se envolvem termina em confusão, são mal-amados, suas famílias são cheias de problemas, se acidentam com freqüência e adquirem vícios e manias que os afastam continuamente do plano espiritual mais alto. E isso se reflete em seus aspectos físico (meio animalesco) e mental, nas falsas amizades que atraem etc. Como já disse, somos ímãs!

A sorte não se manifesta no fraco. A sorte é sinônimo de fortaleza, alegria, espírito altruísta. Não é vingativa e não vive em quem só vive do julgamento, da comparação, da inveja. O fraco é o lado inverso da sorte.

A sorte só vem aos capazes! E você é capaz!

Aladim, o sortudo da lâmpada maravilhosa, e o azarado Jó da história bíblica

Aladim

A história de Aladim é mais ou menos assim. Ele encontra uma lâmpada mágica que, ao ser limpa, liberta um poderoso gênio, que cumprirá todas as ordens de quem tiver esfregado a lâmpada. Aladim usa, então, a lâmpada para satisfazer todas as suas necessidades e as de sua mãe.

Um dia, Aladim vê passar a bela filha do sultão e se apaixona por ela. Mas ele sabe que o pai da jovem faz exigências descabidas para dar a mão da princesa a seus pretendentes, tal como construir, de um dia para o outro, um palácio com vinte quatro janelas feitas de pedras preciosas.

Porém, com a ajuda da lâmpada maravilhosa, Aladim realizou todas as proezas e conquistou sua amada princesa.

Jó

A história de Jó está contada na Bíblia.

Ele era um dos senhores mais ricos e poderosos de Hus, na Idumédia. A Bíblia conta que Deus se orgulhava das virtudes e da veneração de seu servo Jó.

Então Satanás acusa Jó de ser bondoso só porque estava

rico e sem problemas. Obtém assim autorização de Deus para afligir Jó de todas as formas, a fim de pôr à prova sua fé.

Começa então a falta de sorte de Jó: perde todos os seus bens, filhos, esposa e, ainda, é atingido por terrível doença. Sem entender por que é vítima de tantos sofrimentos, Jó, exatamente por querer descobrir as intenções divinas, diz que a compreensão do homem é muito pequena para entender a grandeza dos atos de Deus.

Finalmente, tudo o que Jó havia perdido lhe é restituído, porque, *vitorioso em sua fé*, teve sua sorte restaurada.

A sorte encontra-se na criatividade e na paciência. Ela testa sempre quem por ela espera e como exerce essa espera. A sorte é uma energia verdadeira que só acontece e flui para quem não tem dúvida nenhuma sobre os objetivos que almeja alcançar.

A verdadeira sorte está na intimidade do nosso todo. Ela é capaz de aparecer para uma pessoa e ir embora por não encontrar nela a hospitalidade e o espaço necessário para se instalar.

Existem muitos casos de pessoas que ganharam muito e perderam tudo. Isso acontece porque o voto de confiança, que a sorte lhe deu, foi abandonado pelo caminho.

A sorte está lançada no seu destino, dia-a-dia, do seu amanhecer ao seu adormecer. Não esmoreça diante das dificuldades. Cuide para que a sua porta mantenha-se sempre aberta; assim, quando a vitória e a sorte chegarem, não a encontrarão fechada.

Tenha fé. A Vitória e a Sorte já estão a caminho, em seu caminho.

A FORÇA SILENCIOSA DA PROTEÇÃO E DA SORTE

Jamais se preocupe com o óbvio.
O inesperado pode acontecer
a qualquer momento.

Amuletos e talismãs

O amuleto é um objeto usado como proteção mágica para afastar as influências más, as energias negativas. O uso do amuleto existe desde que o mundo é mundo e é comum a muitas civilizações.

Os antigos egípcios usavam vários amuletos. Os hebreus, também, e, neles, costumavam guardar textos sagrados. Os cristãos do século IV, por sua vez, usavam versos bíblicos como tal, guardados em lugar secreto. E, ainda hoje, temos a prática de se pregar salmos atrás das portas, como é o caso do Salmo 90.

Os materiais utilizados em amuletos podem ser muito diversos, vão desde animais até pedras preciosas. Às vezes, ostentam gravações de símbolos, como a Roda do Deus-Sol.

Se o amuleto defende aquele que o possui, o talismã vai um pouco mais longe. Segundo a tradição, dá a seu possuidor um poder mágico ativo, que favorece a realização de desejos.

Dois exemplos de talismãs são: a Lâmpada de Aladim e o lendário anel ou Selo de Salomão. Acreditava-se que este último tinha o poder de ter sob domínio anjos, gigantes e demônios.

Uma história como exemplo

Em 1981, ganhei um objeto especial de meu amigo

Cláudio Ney, e era de tal forma especial que o transformei em amuleto; e este me trouxe muita sorte, muita mesmo. Até que chegou o dia em que o perdi, e não existia outro. Então disse para mim mesmo: "Vou arrumar um amuleto tão especial quanto esse que perdi, ou mais especial, que nem o tempo nem o espaço me impedirão de tê-lo para sempre!"

A busca levou 17 anos e ele é este livro, agora em suas mãos. Traduzido em técnicas. Estas foram durante todo esse tempo testadas. A sorte tornou-me seu companheiro para conhecê-la melhor e compreender como podemos obtê-la.

O verdadeiro talismã da vida está em se saber buscar a sorte!

E para que a sorte aconteça em nossas vidas, repito, devemos ter sempre uma atitude mental positiva, independente de qualquer coisa, mantermo-nos *alegres*, puros de coração, e sabermos que esta atitude é um processo interior que, como uma semente, tem de ser plantado, adubado, regado, tratado e colhido dia a dia.

Se você permite que fatos externos ou alheios à sua vontade determinem sua sorte, você nada será além de uma marionete do Destino. Procure, então, saber onde ela está e qual o meio pelo qual poderá fazer com que ela, a sorte, o encontre e se faça presente em sua vida.

A sorte pode muito bem estar onde nem se imagina. Ela nos indica o Triunfo e a Glória. E para conseguir atingir estes objetivos, é preciso permitir somente que as instruções específicas, acerca do que nós estamos realmente querendo, exerçam influência e, sem dúvida alguma, com a maior clareza possível, sem rodeios, sem superficialidade. Tudo

A FORÇA SILENCIOSA DA PROTEÇÃO E DA SORTE

acontece primeiro em nossa imaginação, por meio da visualização criativa.

Somente duas coisas podem derrotar o ser humano: a primeira é uma fraqueza, menor do que ele, dentro dele (como a dúvida, a raiva, a inveja etc.). A segunda é uma força maior do que ele, fora dele. Como não existe fraqueza menor do que ele, que não seja ele próprio, e como não há uma força maior que ele, fora dele, que não seja Deus, então o homem não pode ser vencido.

Ciente de suas virtudes pessoais, da força poderosa que existe em seu interior, e da energia criadora e transformadora que está em tudo que o cerca, você descobrirá com grande facilidade o que pode lhe inspirar a confiança de um talismã ou amuleto. Confira, então, a este objeto um caráter mágico e superior positivando-o energicamente e prepare-se para ter muita sorte.

Assim é! Assim será!

Sorte e signo

O autoconhecimento, como o leitor já deve ter ouvido, é fundamental em nossa vida. Ajuda a compreender por que se reage de certa forma, em face a determinadas situações, e também a ter compaixão pelo próximo, que muitas vezes nos surpreende com atitudes realmente inesperadas.

Por esta razão, faço observações pessoais relativas a cada signo.

A astrologia não é o meu forte, mas, por curiosidade, pesquisei para saber o que diziam os astros sobre a relação de cada signo com o dinheiro e a sorte.

São observações genéricas, a essência básica do signo puro; claro que existem variações dentro do próprio signo, determinadas pela lua, planetas, signo ascendente etc. Há, também, um lado positivo e outro negativo mais acentuados, o que vai evidenciar ou anular algumas características dos signos para cada pessoa, individualmente.

Não restringi-me às qualidades e virtudes, pelo contrário, preocupei-me em mostrar o lado que deve ser transmutado e lapidado, esse é o objetivo. Observe em você mesmo o que são arestas para apará-las.

Áries — 21/3 a 20/4

É, sem sombra de dúvidas, um signo de ação e o que mais

se arrisca. É absolutamente corajoso e destemido. Por isso, não teme se expor e portanto precisa de sorte.

Gosta muito de sentir-se em busca de algo, em constante luta, o que vem a torná-lo um líder natural, sempre encabeçando movimentos e defendendo causas. Adora uma medalha, não pelo seu valor, mais para provar sua fortaleza, coragem; e que é um lutador. Prefere a glória ao dinheiro.

Mas nessa constante busca mostra-se extremamente individualista. Um exemplo perfeito disso é uma brincadeira folclórica, muito comum em festas juninas: o "pau-de-sebo" — um mastro de madeira coberto com sebo, gordura. Caso o jogador consiga alcançar o topo do pau encontra lá um prêmio. Não é preciso nem duvidar, não tem para ninguém, o vencedor é o ariano, primeiro por sua obstinação, depois porque é um desafio que só depende dele, e não precisa contar com ninguém.

Agrada-lhe o dinheiro, como a qualquer mortal; mas não se compara ao gosto pela vitória, fama e reconhecimento de que é um lutador incansável.

Sua constante perseverança e firmeza permitiriam-lhe, com facilidade, alcançar o céu e poder contar sempre com a sorte, desde que observe alguns conselhos de ouro, feitos sob medida para você. Veja:

Por causa da sua inabalável coragem, acaba por subestimar a necessidade de compartilhar responsabilidades e ideais. É verdade que, caso seja vitorioso, o mérito será só seu, mas se fracassar, o peso da derrota cairá somente sobre seu ombro.

Continue lutando sim, mas em tropa, e não sozinho. Continue correndo riscos, mas divida-os com outras pessoas. Permaneça na liderança, mas aceite cooperações e trace estratégias em conjunto.

Em vez de gastar todo o seu salário jogando sozinho na loteria, que tal gastar menos e dividir esse risco com outras pessoas num bolão "conjunto de apostas"?

Boa sorte!

Touro — 21/4 a 20/5

Esse signo resume-se a uma expressão-chave: esforço contínuo. Enquanto o ariano descobre e desbrava, é o taurino quem constrói.

Gosta muito de trabalhar, pois os frutos permitirão ao taurino: construir, armazenar, adquirir e acumular.

É extremamente hábil na arte de reservar, não por mesquinharia, mas para sentir-se seguro. Não chega a ser avarento, economiza e poupa para ter certeza de que amanhã terá e nada faltará.

Seguindo esse raciocínio, é fácil deduzir que acredita e investe apenas no palpável. Não opta por investimentos em ações, prefere o carro, a casa, algo que pareça consistente e garantido.

Sendo assim, o taurino não gosta de correr riscos. Acaba evitando grandes adversidades e também grandes acontecimentos apoteóticos em sua vida. Usa sempre de muita cautela. Veja:

Se estiver com apenas dez reais no bolso e os amigos o convidarem para apostar juntos, em forma de "bolão", num bilhete de loteria, certamente recusará, pois nunca arrisca tudo o que tem, pode fazer falta amanhã. Pode até sugerir que os amigos apostem, e que se no dia seguinte ganharem, ele pagará a parte dele. Será possível concordar apenas quando puder investir numa quantia que não o faça sentir-se na berlinda, no perigo e desde que sinta-se seguro por saber que possui reservas.

Enquanto muitos jogam toda semana na loteria, o taurino poupa o mesmo dinheiro. Ao final de um ano, verá uns que ganharam, outros que endividaram-se, mas ele, seguramente, terá ilesa a sua conta bancária.

Seu estilo econômico e nada esbanjador fará com que consiga construir tudo o que almeja, pois não extrapola o orçamento que se propõe. Em compensação, contenta-se com pouco, um boi ou uma rede, ficará igualmente feliz.

Apesar de acreditar que com paciência o tempo traz tudo às suas mãos, a sorte brilhará definitivamente para você quando permitir-se sonhar mais e dar maior credibilidade à fé.

Boa sorte!

Gêmeos — 21/5 a 20/6

É o signo da comunicação e socialização. É o maior negociante do zodíaco; sua lábia é inigualável.

A sublime capacidade de ser sociável, de ir e vir, deve-se ao fato de ter versatilidade e facilidade para adaptar-se, sua linguagem não é própria, é a do momento em que está vivendo, através de habilidosa assimilação de tudo e todos que o cercam.

Não fica confortável se for obrigado a qualquer tipo de apego, foge e torna-se escorregadio. Por isso é muito inquieto, sempre reagindo com imediatismo a qualquer estímulo externo. Pensa que se o mundo tem tantas coisas a serem descobertas, por que ficar apegado a uma só?

É muito curioso, movimenta tanto que acaba sendo superficial, não consegue aprofundar-se, quer saber pouco sobre muito.

Adora viajar e conhecer, mas nada que demore muito ou exija longos planejamentos, pois não abre mão de mudar o roteiro, se assim quiser.

Prefere gastar pouco tempo com muitas atividades a ficar concentrado num só objetivo. Na história dos três porquinhos, certamente é geminiano o porquinho que constrói a casa de palha; é querer demais que ele esteja gastando a sua energia numa casa de tijolos. Estabilidade para quê? Afinal, amanhã ele pode perfeitamente mudar de idéia e querer morar num hotel.

Dentro do seu processo de mutação interminável, não gosta de acumular dinheiro, prefere fazê-lo circular ora comprando, ora vendendo, ora aplicando, mas nada de investimentos definitivos.

Para que a sorte se solidifique de vez em você, precisa concentrar-se na importância de criar raízes, ter metas, projetos a longo prazo, ir até o fim. Busque mais qualidade e menos quantidade, pois quem abraça muito, aperta mal.

Agindo assim, se mostrará mais confiável e menos instável.

Boa sorte!

Câncer — 21/6 a 21/7

É o signo que emana uma deliciosa capacidade para proteger. É possuidor do melhor talento para a lembrança e memória, devido ao grande apego ao passado.

É regido pela lua e, como tal, muda de fases, variando de humor e tornando-se extremamente vulnerável. Por isso, também não o agradam projetos muito definidos, pois a concretização vai sempre depender do humor, naquele momento.

É um bom amigo, pois sabe ouvir e protege emocionalmente; guarda segredos como ninguém. Absorve as dificuldades alheias e, mesmo esperando pela última chance, também socorrerá financeiramente a quem precisar.

Se com os amigos age assim, com a família chega ao extremo da proteção. Gosta imensamente do seu lar, o ninho, sua despensa sempre será farta e aprecia a presença dos amigos em sua casa.

Usa o dinheiro para suprir as necessidades diárias da família. Gosta de ter uma certa reserva, porque precisa sentir-se seguro de que nada lhe faltará e aos seus "protegidos". Caso acerte na loteria, certamente distribuirá com a família.

Possui um lado medroso, que teme a perda de pessoas queridas e a falta de dinheiro para prover a família.

Não gosta de ser abandonado de forma direta. Prefere os "rodeios". Não é fácil saber o que um canceriano quer e por causa de sua vulnerabilidade é suscetível a ofensas e mágoas.

Para que a sorte lhe sorria, pense sobre esses conselhos:

Estará em maior equilíbrio quando permitir-se mais ambição.

Avance no degrau em que se encontra confortavelmente instalado, veja a vida como uma escada.

Quando quiser algo, aceite ser mais direto e claro. Controle a vulnerabilidade.

Cuide mais de você, antes de se preocupar com a família.

Liberte-se do passado, aumentando a sua fé e crendo no futuro.

Boa sorte!

Leão — 22/7 a 22/8

É o signo da generosidade, orgulho e nobreza. Tantas características, e todas igualmente marcantes, o fazem sentir-se num pedestal, onde instala-se com "pompa e circunstância".

Tem aversão à mesquinharia, e sua absoluta generosidade atrai muitos amigos. É capaz de qualquer ato para ajudar alguém que precisa ou que o peça algo. Se pedir-lhe dinheiro, arrumará o dinheiro e um emprego. Jamais dirá "não", "não posso" ou "não tenho". É o próprio rei, e um rei nobre. Todos hão de precisar dele, e ele estará sempre pronto a honrar a sua representação. É da sua natureza ter atitudes de superioridade.

Gosta, é claro, de ter a presença sempre marcante. Prefere trabalhar ganhando menos ou pouco, mas num lugar em que todos reconheçam a sua majestade. Portanto, valoriza a "fachada" e a embalagem.

O orgulho é evidente e brilha soberano junto a um leonino. Está ligado ao fato de ter absoluta certeza que aqui está para salvar, prover, proteger, resolver, providenciar e que sempre tem que ficar ileso de qualquer situação, afinal, ele é o corajoso e destemido herói. Evita pedir favores, ele é quem presta os favores. Nunca mostra seu lado frágil ou medo de qualquer situação, afinal, ele é quem cuida dos outros e os protege dos perigos.

Por tudo isso, acaba tornando-se um esbanjador, não liga para guardar o dinheiro. E, se faltar-lhe, dará um jeito de resolver a questão, sem precisar pedir, e salvando sempre o seu orgulho.

Só entra em competições que sabe que pode vencer e está preparado. Não correria o risco de arranhar sua imagem, por nada.

Para manter tanto heroísmo é um lutador corajoso. Atravessa qualquer infortúnio, e ultrapassa-o para defender sua honra.

Talvez pense que não precisa de mais sorte, pois já sente-se a própria sorte. Mas reflita um pouco sobre ter a sorte em sua profundidade e não só o brilho dela. Veja:

Desobrigue-se de ter de ser sempre melhor que os outros; dê, mas aceite receber, é um direito seu!

Procure lá no fundo da alma uma sombra qualquer de modéstia e traga-a para a luz.

As pessoas não são melhores ou piores que você. São apenas iguais!

Boa sorte!

Virgem — 23/8 a 22/9

É o signo da minuciosidade, do senso crítico e da modéstia. A visão está constantemente restrita ao detalhe, à minúcia e agindo assim o virginiano acaba sempre vendo a árvore, mas não vê a floresta. Nunca comprará uma roupa com defeito. Observa tudo.

Por ser também muito racional, pode tornar-se indispensável na análise de qualquer fato ou situação, pois consegue ter uma visão real e distanciada, sem apegos emocionais. Usa muito o intelecto.

Tem senso crítico bastante aguçado, sempre acha defeito, porque sempre os procura. Faça-lhe uma crítica e o virginiano achará algo em você bem pior, tenha certeza!

Não acredita em nada que não possa ver. É extremamente prático, nada de fantasias. Se pode comprar um sapato que talvez lhe sirva no trabalho, para que comprar um que talvez combine bem com a roupa de uma festa?

É modesto e simples. Não ambiciona grandes cargos de liderança, no trabalho. Contenta-se em ser o auxiliar, o colaborador e o ajudante.

Trabalha muito, "carrega o piano", mas, nunca, jamais, de graça. Aliás, para um virginiano, de graça, nem favor.

Se ganha na loteria, buscará cada centavo. Gasta calculadamente e só com o que vai utilizar, não esbanja, gosta de sentir-se estável. Não gosta de correr riscos.

Ajuda a quem o solicita, mas com trabalho, nunca com dinheiro.

Que tal trazer mais sorte para enriquecer tanta praticidade? Tente:

Veja as coisas, as pessoas e a vida sob outros referenciais e prismas. Olhe para a sala da sua casa, agora suba em cima da mesa e olhe a mesma sala. Sentiu a diferença?

Ser tão metódico só é real e necessário olhando por um único ponto de vista. Permita-se recriar e desapegar-se do conceito.

Boa sorte!

Libra — 23/9 a 22/10
É o signo que busca o equilíbrio.

Usa a reflexão como ponto de partida para tomar decisões. É capaz de voltar atrás em qualquer atitude ou idéia se, ao pensar muito, concluir que estava errado.

Como almeja o equilíbrio, vê os dois lados de qualquer situação e acaba por, quase sempre, tornar-se indeciso e hesitante. Se perguntam-lhe o que acha sobre cartões de natal, dirá: "Bem, parece-me algo já totalmente ultrapassado e quem sabe até cafona, mas, por outro lado, o mundo está tão necessitado de amor e paz que um cartão de natal seria a oportunidade de transmitir esses sentimentos."

Revela-se assim também o seu lado diplomático e cheio de gentilezas; um libriano é incapaz de mencionar os defeitos de alguém, e mesmo que os veja, dirá o que se pode elogiar. E, se não puder elogiar, nada dirá.

Como aprecia a estética e a beleza, costuma ter boa cultura artística, veste-se elegantemente e até admite cores diversas, mas jamais o exagero, não gostam de extravagância. É convencional e sua fé está ligada a conceitos.

Permita-se tomar decisões, ser mais unilateral e não ter de refletir tanto sobre o certo e o errado. Ouça também a sua intuição e tome iniciativas. Seja mais incisivo e pense menos.

Boa sorte!

Escorpião — 23/10 a 21/11

É o signo do "eu controlo" e da dominação. Usa a manipulação de forma sutil e não evidencia as suas vontades.

É emotivo e profundo, sente as emoções e os sentimentos de tudo e de todos; seu olhar magnético chega a perturbar as pessoas. Possui eficaz "faro" de detetive, conseguindo, inclusive, captar situações e pessoas desfavoráveis.

Sua forte personalidade não necessita de elogios ou aplausos. Sabe o que é e o que pode. Prefere manter-se secreto e oculto. Em suas opiniões é muito incisivo, direto e claro; por isso, prefere calar, pois se falar, talvez ofenderá.

Sente-se capaz de transformar o mundo. Dá a volta por cima com muita facilidade. É a fênix que nasceu das próprias cinzas. Trabalha e luta o quanto precisar. E não compreende por que todos não são assim também. É capaz, também, de dissimular, pintando as situações com as cores que quiser.

Põe intimidade em tudo o que faz.

É competitivo embora não goste de aparecer e não confie em ninguém, não deseja poderes. Talvez, por assim ser e agir, é solidário.

Um traço marcante é ser vingativo. Quando é insultado, demonstra indiferença, mas vai vingar-se, com certeza. O escorpião é um inimigo feroz, quando morde, mata.

Tenha a sorte como aliada, mas pense um pouco:

Desenvolva um lado que dorme e espera que você permita que ele acorde: o otimismo!

Seja leal e confie no ser humano. Quando puder ser fiel e leal, verá que os outros também podem ser como você.

Desobrigue-se de ter que ficar no controle de tudo e de todos e relaxe; há outras coisas maravilhosas para buscar.

Boa sorte!

Sagitário — 22/11 a 21/12

É o signo do otimismo, do espírito aventureiro e da expansão. Seus ideais e sonhos não têm limites de alcance e tamanho. Tudo que pensa é grandioso e magnificente, movimenta-se com grandes passos; nada de atitudes pequenas ou insignificantes. Portanto, torna-se superficial, não prende-se a minúcias. Ainda assim, consegue ser bom no que faz.

Gosta de ensinar, orientar e aconselhar. É confiável e passa essa imagem às pessoas, pois ele próprio confia na vida e é exageradamente otimista. Quase sempre só vê o lado bom em todas as catástrofes.

Seus olhos brilham diante de um desejo ou conquista.

É um líder e comanda a tropa; é um grande estrategista.

Não aprecia a rotina, seu espírito aventureiro permite movimentar-se com bastante liberdade.

Consegue desligar-se do passado e da emotividade, o que o ajuda a ser mutável e flexível.

Possui um lado convencional, valoriza a honra e não permite-se falhar perante a sociedade.

É muito franco.

A sorte já nasceu com você, mas precisa cuidar e zelar melhor por ela. Tente aprender:

Um professor não apenas ensina, às vezes, aprende. Esteja atento para quando for a sua vez de aprender.

Permita que o limite faça parte dos seus projetos. Por exemplo, conserve o seu otimismo, mas use o limite para detectar quando for apenas um falso otimismo.

Construa todas as casas que quiser, mas comece pela base e não pelo telhado.

Ah... e seja menos esbanjador com o dinheiro.

Boa sorte!

Capricórnio — 22/12 a 20/1

É o signo do trabalho. Vive para trabalhar, incansavelmente.

Acredita que assim pensando e agindo alcançará as suas metas. É uma verdadeira formiga: está sempre e metodicamente trilhando o caminho do serviço e da labuta. É um lutador.

E talvez, por assim proceder, torna-se rígido, sisudo e muitas vezes triste também. É extremamente convencional e apegado às tradições e procura segui-las.

A relação com dinheiro é puramente convencional também: vê dinheiro como o resultado de muito trabalho e empenho pessoal; precisa dele para prover a família.

A inteligência do capricorniano é diretamente proporcional à sua capacidade de calcular. Avalia e computa todas as possibilidades, não suporta imprevistos. Não permite-se arriscar, qualquer atitude é calculada milimetricamente.

Consegue ser econômico até em suas emoções.

Apesar de não ser o seu forte, acredita em sorte e, ou acaso, veja que a falta de sorte, que tanto teme, poderia ficar mais distante de você. Assim:

"Nem só de pão vive o homem." Permita ascender, trazer para o topo a sua imaginação; crie situações que tenham outras finalidades que não sejam o trabalho e viva-o com intensidade.

Permita-se ter ilusões e sonhar... Fantasie!

Busque a descontração e relaxe.

Não precisa desistir de ser a formiga que trabalha de sol a sol, mas faça como a cigarra, trabalhe cantando!

Boa sorte!

Aquário — 21/1 a 19/2

É o signo da percepção e do conhecimento.

A inteligência notável e existente deve-se à capacidade de descobrir tudo, de forma muito rápida e com surpreendente originalidade; é a descoberta pela "idéia relâmpago"!

Pensa tão velozmente que acaba vendo coisas que a maioria dos mortais não vê, chegando até a sentir-se, por vezes, um peixe fora d'água.

Dirige tudo pelo intelecto e suas idéias sempre originais

proporcionam-lhe grandes oportunidades de inventar, inovar e desenvolver tecnologias.

Possui atitudes imprevisíveis e gosta de "chorar", pois não é nada convencional. Gosta de expandir-se, descobrir novidades e pessoas e fica bastante motivado com o mistério, o impenetrável e o insondável. E isso parece-lhe mais inspirador do que sondar a si próprio.

Sua capacidade permite-lhe viver planejando o futuro. Aliás, o aquariano é o próprio futuro.

A perspicácia é sua aliada, portanto não é difícil vislumbrar a sorte, mas precisa refletir:

Ao apresentar suas idéias novas e originais, procure dar mais enfoque e brilho na nobreza e dignidade de sua personalidade, para que não torne-se um incompreendido ou lunático.

Use a sua percepção para descobrir com clareza o impacto de suas atitudes e idéias nos sentimentos alheios. Viva menos na razão e mais na emoção!

Boa sorte!

Peixes — 20/2 a 20/3

É o signo que vive na espiritualidade e busca suas convicções na fé.

Essa busca, às vezes excessiva, pela confiança e crença em algo, é uma forma de aliviar o seu grande medo de enfrentar a vida, a dureza do dia-a-dia.

Essa confiança pode tomar dimensão fora da realidade e produzir no pisciano uma situação de comodismo, sempre a esperar que "caia do céu" as soluções para todos os males.

Não é avarento, gosta de praticar a caridade e, se pudesse escolher o prêmio num jogo que ganhasse, preferiria um espiritual. Não liga para a matéria.

Preocupa-se com o amanhã lá no céu, com as outras vidas etc., por isso perdoa muito.

Tem grande capacidade de ver o conjunto. É a síntese de todos os signos. Ao contrário do virginiano, vê a floresta, mas não consegue ver uma árvore.

É puro e acalenta a utopia de que o mundo poderia ser todo perfeito, sem complicações, sem atritos.

A sorte está ao seu alcance, levante da cadeira e aja. Assim:

A intuição é a sua marca registrada. Use-a para traçar os seus objetivos e trabalhar por eles. E quando surgirem as dificuldades, não fuja para a lua; é assim mesmo, como todo mundo, enfrente-as com mais praticidade e menos ilusão. Não olhe só para o geral, permita pairar o olhar para o detalhe também.

Poderá provar que é um ser espiritual no dia-a-dia, sem escapar da realidade.

Tome decisões. Se errar, tome outras decisões, mas viva cada dia, faça parte de cada minuto; não isole-se. Você não está só!

Continue pedindo e esperando por Deus, mas faça a sua parte!

Boa sorte!

Como ter sorte na loteria do século XXI

Como será a loteria no século XXI? (Não a Esportiva, mas as numéricas, como Mega-Sena, Sena, Loto etc.). Tudo indica que será muito diferente das atuais.

No futuro, o homem deverá ter mais tempo de lazer, mais tempo livre para dedicar ao estudo, esporte, jogos e passatempo. Por quê? Porque as máquinas farão grande parte do trabalho humano.

Em 1972, realizou-se em Brasília o IX Congresso Internacional de Loterias de Estado e o representante grego, Christos Rigas, apresentou uma visão da loteria do século XXI. Ele prevê, para o começo do século XXI, um modelo de loteria governada pela cibernética — a ciência da automação — funcionando em moderníssima sede. Nela serão realizadas extrações diárias que indicarão somente um ganhador. O felizardo receberá a metade da receita bruta, que deverá chegar a vários milhões de reais. Christos Rigas declarou que no futuro não haverá pobres e, por isso, não haverá motivo para os prêmios maiores, menores e de consolação. Sendo uma loteria diária, o término de um sorteio já é seguido por outro. E os bilhetes serão confeccionados com material plástico flexível. Cada novo bilhete apresentará diferentes estampas com personalidades históricas, monumentos, paisagens, em excelentes impressões coloridas feitas nas oficinas gráficas do Estado.

A identificação do bilhete — número, data etc. — fará parte da superfície transparente e será impossível falsificá-lo.

Esses bilhetes serão produzidos semanalmente e vendidos em aparelhos automáticos por toda a cidade. É só o comprador introduzir a moeda ou moedas no aparelho eletrônico para, em seguida, receber o bilhete.

Nesse mesmo instante, o aparelho transmite o número do bilhete vendido e a imagem fotografada do comprador ao computador central, onde ficam os cérebros eletrônicos que realizam o sorteio.

No momento em que o número sorteado for apontado, ele aparecerá numa tela luminosa do computador, ao lado da foto de seu possuidor. Os postos de venda param automaticamente de funcionar cinco minutos antes do sorteio. Desses postos de venda, fitas magnéticas transmitirão música, a fim de atrair a atenção dos compradores.

A automação e as adaptações de última geração para os mecanismos das loterias não exercem influência ou promovem qualquer alteração nas técnicas para se jogar com sorte. Ou seja, independentemente de qualquer modernização, as técnicas permanecerão intactas, pois o poder da mente se sobrepõe à máquina.

Sabendo disso, basta que você escolha uma das várias técnicas mencionadas neste livro. E prepare-se para mais essa oportunidade de vencer.

Métodos simples para atrair sorte

1º passo: afaste-se de pessoas negativas e mal-humoradas.

2º passo: vá a um espelho e seja sincero, pergunte a si mesmo: "Eu compraria minha imagem?" Se a resposta for não, então arrume-se até comprá-la.

3º passo: comece a visualizar, sentir ou imaginar, realizando o que você deseja.

4º passo: procure imaginar que está sendo iluminado por um grande foco de luz, feche os olhos e procure ver o nítido clarão que virá do alto.
Procure controlá-lo, pensando no raio de luz que será transmitido para sua mente por meio da evolução e da compreensão espirituais.

5º passo: ainda que a dúvida ou o medo se coloquem em seu pensamento, afaste-os, dizendo para si próprio que eles não têm poder sobre você, pois se o medo faz a perna tremer, a esperança faz a perna andar.

6º passo: evite usar palavras de indefinição, tais como: mas, porém, contudo, todavia, entretanto, talvez, qualquer dia, quem sabe...

7º passo: peça a Deus que lhe mostre como realizar seus sonhos.

JOGANDO COM SORTE NOS TEMPOS DE CRISE

*"Há quem passe pelo bosque
e só veja lenha para fogueira."*

Tolstoi

Enfrentando a crise e destruindo as preocupações

Crises sempre existirão, a maneira de passar por elas é que fará a diferença. Para isso, siga o roteiro a seguir:

1º passo: tenha sempre em mente idéias de paz, de coragem, de saúde e de esperança, pois nossa vida é o que nossos pensamentos a fazem ser.

2º passo: não procure ir à desforra de seus inimigos, porque, se o fizer, causará mais dano a si próprio do que a eles. Não desperdice um minuto sequer pensando nas pessoas que não lhe agradam e lembre-se: "Quem não serve para amigo, muito menos serve para inimigo."

3º passo:
a) em lugar de preocupar-se com a ingratidão, espere-a. Lembre-se de que Jesus curou dez leprosos num dia — e que somente um lhe agradeceu. Por que deveria você esperar mais gratidão do que Jesus?;

b) lembre-se de que o único meio de se encontrar felicidade é não esperar gratidão — mas dar pela simples alegria de dar;

c) lembre-se de que a gratidão é um sentimento "cultivado". Se quiser, pois, que seus filhos lhe sejam gratos, você deve ensinar-lhes gratidão.

4º passo: conte as bênçãos que lhe são concedidas e não suas contrariedades!

5º passo: não imite os outros. Procure encontrar-se e ser você mesmo. Tenha a inveja por ignorância e a imitação, por suicídio, pois está eliminando seu potencial.

6º passo: quando o destino lhe der um limão, faça uma limonada.

7º passo: esqueça sua infelicidade, procurando criar um pouco de felicidade para os outros. Quando se é bom para os outros, se é melhor para si próprio.

8º passo: varra as preocupações de seu espírito, conservando-se sempre ocupado. Muita ação é uma das melhores terapias que já se descobriu para curar aborrecimentos.

9º passo: não faça barulho por causa de ninharias. Não permita que coisas insignificantes — que não passam de insetos da vida — arruinem sua felicidade.

10º passo: empregue a lei das probabilidades para dissipar suas preocupações. Pergunte a si próprio: quais são as probabilidades de que isso não aconteça?

11º passo: coopere com o inevitável. Se você vir que qualquer circunstância está além do poder de sua vontade — e que, sendo assim, você não pode modificá-la nem corrigi-la — diga para si: assim é; não pode ser de outra maneira.

12° passo: envie uma ordem de relax a suas preocupações. Veja até que ponto uma coisa merece que você se preocupe com ela e recuse-se a pagar mais.

13° passo: deixe o passado enterrado. Não faça tempestade num copo d'água.

Uma crise pode desencadear-se em face de obstáculos supostamente difíceis. Nesse instante, torna-se notável a necessidade de se tomar decisões. A primeira e mais sábia delas é você decidir que vai tomar decisões. Depois é só definir atitudes, reprogramar o que apenas parecia dar certo, lapidar o que ainda estiver bruto e esperar... Faça somente sua parte, ocupe somente seu espaço e seja humilde, o tanto que for necessário, para descobrir onde estão, de fato, as falhas.

Mesmo na crise e apesar dela, você continua sendo capaz de atrair boa sorte; descubra que seus problemas são mais imaginários do que reais. Confira!

Técnica da "Proteção Diamante"

Esta técnica é indicada para protegê-lo de qualquer mal físico e também para atrair o que há de melhor à sua volta num raio de cinco quilômetros. Por exemplo, ela é usada para protegê-lo de um assalto ou de qualquer situação que traga dissabor. Dominar essa técnica não é uma sorte?

É mais ou menos como se você estivesse equipado em seu inconsciente com um radar igual àqueles usados em aviões militares, que são capazes de detectar o inimigo antes de vê-lo e, também, de saber se o inimigo mirou seu alvo em você. Assim sendo, é ativada, na maioria das vezes inconscientemente, uma proteção invisível, porém perceptível.

Também a técnica de "Proteção Diamante" tem a mesma intensidade de atrair e/ou repelir: atraindo-o ou pondo-o em sintonia com as coisas boas e repelindo as más.

Em termos práticos, se algo vier, com a intensidade de matar uma pessoa, poderá se resumir num pequeno arranhão, isto se for desviado antes.

Proteja-se!

Técnica:

1º passo: procure sentar-se numa posição confortável e relaxante, faça dez respirações profundas, contando-as em ordem decrescente, de dez a um.

2º passo: tenha sempre em mente que o diamante é uma das substâncias mais resistentes que há em nosso planeta, que possui a capacidade de refletir a luz de volta à sua origem, e que o mesmo não acontece com o vidro ou o cristal.

3º passo: procure sentir, visualizar ou imaginar que um pontinho de diamante, do tamanho de um grão de mostarda e oco, uma espécie de minúscula bolha, começa a se formar dentro de você, em seu plexo solar (boca do estômago).

4º passo: a cada respiração que você faz, imagine essa bolha crescendo, mais e mais, ficando do tamanho de uma bola de gude, de pingue-pongue, de tênis, de futebol... Crescendo até envolvê-lo por inteiro, pondo-o dentro da bolha. Uma bolha de diamante! E que continua crescendo para cima e para os lados, até chegar aos cinco quilômetros de extensão; sua mente o ajudará a determinar essa extensão.

Último passo: tente sentir, visualizar ou imaginar que, a cada uma de suas respirações, a bolha pulsa, crescendo mais e mais, e nunca esqueça do objetivo que é a Proteção Diamante. Quando chegar aos cinco quilômetros, aí então você pára (fim da técnica) e não volta ao início.

Observações:
a) você deve repetir o exercício de uma a três vezes por semana. Treinando e aprendendo. Aprendendo e treinando. É assim que se faz;
b) após tamanha proteção, sentirá que nada poderá invadir esse campo de força;
c) às vezes sua proteção alcançará e eliminará algum fato

desagradável, antes mesmo de seu consciente tomar conhecimento. Veja que sorte!;

d) treine bastante e usufruirá desse bem invisível aos olhos humanos.

Fazendo limonada:
A história de John D. Rockefeller, segundo um de seus biógrafos, John K. Winkler

O velho John D. Rockefeller acumulou seu primeiro milhão de dólares quando contava apenas com 33 anos.

Ao chegar aos 43 anos, já havia construído o maior monopólio que o mundo já viu — a grande Standard Oil Company. Mas onde se achava ele aos 53? Aos 53, as preocupações o haviam apanhado em suas garras. As preocupações e a vida excessivamente tensa que levara já lhe haviam arruinado a saúde. "Aos 53" — diz Winkler —, "tinha o aspecto de uma múmia."

Nessa idade, Rockefeller foi atacado por estranhas enfermidades do aparelho digestivo — enfermidades que lhe destruíram o cabelo, os cílios e deixaram apenas leves traços em suas sobrancelhas. "Era tão grave seu estado", diz Winkler, "que, durante algum tempo, foi obrigado a se alimentar apenas de leite humano."

Segundo os médicos, ele estava sofrendo de alopecia, uma forma de calvície que é produzida, às vezes, por nervos abalados. Era tão chocante seu aspecto, com a cabeça inteira desprovida de cabelo, que teve de usar um boné. Depois, mandou fazer perucas que lhe custavam quinhentos dólares e, durante o resto da vida, usou tais perucas prateadas.

Contudo, aos 53 anos — quando muitos homens estão em plena posse de suas energias — tinha os ombros caídos e caminhava com passos vacilantes. "Quando se detinha diante de um espelho", diz John T. Fllynn, outro de seus biógrafos, "deparava-se com um velho à sua frente."

O trabalho incessante, as preocupações infindáveis, a série de abusos a que se entregava, as noites insones, a falta de exercício, de repouso, tinham exigido seu tributo — tinham-no posto de joelhos.

Era, então, o homem mais rico do mundo — e, não obstante, precisava submeter-se a uma dieta que a mais miserável das criaturas teria desprezado.

Sua renda, àquela altura, era de um milhão de dólares por semana — mas dois dólares semanais seriam, provavelmente, suficientes para comprar todo o alimento que podia comer. Um pouco de coalhada e algumas bolachas eram tudo que os médicos lhe permitiam ingerir. Sua pele perdera completamente a cor, parecia um velho pergaminho a envolver-lhe apertadamente os ossos. E só não morreu aí graças aos cuidados médicos, os melhores que o dinheiro podia comprar.

Como foi que tal coisa aconteceu? Preocupações. Abalos nervosos. Vida sumamente agitada e tensa.

Já aos 23 anos de idade, Rockefeller vinha perseguindo seu objetivo com tão soturna determinação que, segundo afirmavam aqueles que o conheciam, "nada lhe iluminava o semblante, a não ser a notícia de que fizera um bom negócio". Quando conseguia grandes lucros, entregava-se a uma espécie de dança guerreira, atirava o chapéu ao chão e punha-se a dar pequenos saltos de alegria. Mas, acaso perdia dinheiro, ficava doente!

Certa vez, despachou quarenta mil dólares de cereais através dos Grandes Lagos. Não fez seguro nenhum, pois isso custava muito: 150 dólares. Numa noite, uma tremenda tempestade se desencadeou sobre o lago Eire. Rockefeller estava tão preocupado com a possibilidade de perder sua carga que, na manhã seguinte, quando George Gardner, seu sócio, chegou ao escritório, o encontrou andando de um lado para outro:

— Depressa! — rugiu ele. — Vamos ver se podemos fazer já um seguro, se já não é muito tarde!

Gardner disparou pela cidade e conseguiu fazer o seguro, mas, ao voltar para o escritório, encontrou Rockefeller num estado de nervos ainda pior. Durante a ausência de Gardner, recebera um telegrama; a carga, apesar da tempestade, chegara a seu destino em perfeitas condições. Estava agora, mais furioso do que antes, pois tinha "desperdiçado" 150 dólares! Ficou, na verdade, tão doente com o que acontecera que teve de ir para casa e meter-se na cama!

Não tinha tempo para se divertir, não tinha tempo para repousar, não tinha tempo para nada, exceto ganhar dinheiro e ensinar na escola dominical.

Quando Gardner comprou, em sociedade com outros três homens, um iate de segunda-mão, pagando por ele dois mil dólares, John D. Rockefeller ficou perplexo, recusando-se a entrar no mesmo. Gardner o encontrou trabalhando no escritório um sábado à tarde, e o convidou:

"— Vamos, John, dar um passeio de barco.

Rockefeller lançou-lhe um olhar furioso:

— George Gardner — advertiu ele —, você é o homem mais extravagante que conheço. Está prejudicando o seu crédito nos bancos, e o meu também. Quando você menos esperar, nosso negócio estará indo por água abaixo. Não entrarei em seu iate; não quero nem mesmo vê-lo! — E ficou metido no escritório toda a tarde de sábado."

A mesma falta de humor caracterizou John D. Rockefeller durante toda sua carreira nas finanças. Anos mais tarde, afirmou: "Nunca repousei a cabeça no travesseiro, à noite, sem lembrar a mim mesmo que o meu sucesso poderia ser apenas temporário."

Com milhões à disposição, nunca pôs a cabeça no travesseiro sem pensar, preocupado, que poderia perder a fortuna. Não é de espantar que as preocupações lhe tenham arruinado a saúde. Não tinha tempo para se divertir ou descansar. Não ia ao teatro, não jogava baralho, não ia nunca a festas.

Rockefeller confessou, certa vez, a um vizinho, em Cleveland, Ohio, que "queria ser amado", mas era tão frio, desconfiado, que poucas pessoas chegavam sequer a gostar dele. Morgan, um dia, recusou-se a falar sobre qualquer negócio com ele.

"— Não gosto do homem — bufou. — Não quero tratar de coisa alguma com ele."

O próprio irmão de Rockefeller o odiava tanto que mandou remover os ossos dos filhos do jazigo da família.

"Ninguém que pertença ao meu sangue — disse ele — repousará em terras que sejam controladas por John D. Rockefeller."

Os empregados e associados de Rockefeller viviam tomados de medo dele, e eis aqui a parte irônica da situação: ele também tinha medo deles. Tinha medo de que falassem fora do escritório e "revelassem segredos". Sentia tão pouca confiança na natureza humana que, em certa ocasião, ao assinar um contrato de dez anos com refinadores independentes, fez o homem, que assinou o contrato em nome da parte contrária, jurar que não contaria a ninguém, nem mesmo à própria esposa, o que acontecera. "Cale a boca e trate dos seus negócios" — eis seu lema.

Depois, no auge da prosperidade, com o ouro fluindo para seus cofres, seu mundo particular sofreu um colapso. Livros e artigos denunciaram a guerra de pirataria empreendida pela Standard Oil Company; os descontos secretos com as estradas de ferro, o esfacelamento impiedoso de todos seus rivais.

Nos campos petrolíferos da Pensilvânia, John D. Rockefeller era o alvo dos homens que destruíra. Muitos deles ansiavam por amarrar uma corda em volta de seu pescoço enrugado e enforcá-lo nos galhos de uma macieira de frutos azedos. Cartas que cheiravam a enxofre e a fogo chegavam sem cessar a seu escritório — cartas que lhe ameaçavam a vida. Contratou guarda-costas para impedir que seus inimigos o matassem e procurou ignorar esse ciclone de ódio. Afirmara, certa vez, cinicamente: "Vocês podem dar-me pontapés e maltratar-me, contanto que me deixem agir como quero."

Mas ele descobriu que, apesar de tudo, era humano. Não podia suportar o ódio — e ainda, por cima, as preocupações. Sua saúde começou a fraquejar. Ficou desorientado, perplexo, diante desse novo inimigo — a doença — que o atacava por dentro. A princípio "guardou segredo quanto às suas indisposições ocasionais", procurando afastar do espírito suas enfermidades. Mas a insônia, as indigestões, a perda do cabelo — todos estes sintomas físicos de preocupações e distúrbios nervosos — não podiam ser negados. Finalmente, os médicos revelaram-lhe a verdade chocante. Poderia escolher: ou o dinheiro e as preocupações, ou a vida. Advertiram-no: ou se retirava dos negócios, ou morreria. Afastou-se. Antes, porém, de se afastar das preocupações, a avareza, o medo, já lhe haviam quase destruído a saúde. Quando Ida Tarbell, a mais famosa biógrafa dos Estados Unidos, o viu, ficou chocada. Escreveu: "Havia em seu rosto uma velhice espantosa. Era o homem mais velho que eu já vira." Velho? Mas se Rockefeller era, nessa época, muitos anos mais moço do que o general MacArthur quando este retomou as Filipinas. Mas era um tal refugo humano que Ida Tarbell sentiu piedade e condenou a Standard Oil e tudo o que ela representava. Ela, certamente, não tinha motivo algum para gostar do homem que construíra tal "polvo". Não obstante, afirmou que quando viu John D. Rockefeller ensinando numa escola dominical, observando, ansiosamente, o rosto de todos os que o cercavam, sentiu por ele "um sentimento inesperado, que o tempo intensificou. Tive pena dele. Não conheço outra companhia tão terrível como a do medo".

Quando os médicos procuraram salvar a vida de Rockefeller, prescreveram-lhe três normas — três normas que ele observou, ao pé da letra, durante o resto da vida. Veja-as:

1ª) evite as preocupações. Não se preocupe nunca com coisa alguma, quaisquer que sejam as circunstâncias;

2ª) repouse, fazendo muito exercício suave ao ar livre, como caminhar, observar os pássaros, ver o pôr-do-sol etc.;

3ª) observe sua dieta. Interrompa sempre suas refeições quando estiver ainda com um pouco de fome, assim evitará a obesidade ou gordura desnecessária.

John D. Rockefeller seguiu essas normas. E elas, provavelmente, salvaram sua vida. Aposentou-se. Aprendeu a jogar golfe. Dedicou-se à jardinagem. Palestrava com os vizinhos. Jogava xadrez e baralho. Cantava.

Mas fez também uma outra coisa. "Durante dias de tortura e noites de insônia", diz Winkler, "John D. Rockefeller tinha tempo de meditar", e começou a pensar no próximo. Deixou, pela primeira vez, de pensar nas somas de dinheiro que poderia ainda conseguir; pôs-se a pensar no que todo aquele dinheiro poderia comprar em benefício da felicidade humana.

Em suma, Rockefeller começou, então, a dar seus milhões! Muitas vezes, isso não era fácil. Quando oferecia dinheiro a uma igreja, os púlpitos de todo o país trovejavam com gritos de "dinheiro manchado!" Mas continuou a dar. Ouviu falar de um pequeno colégio às margens do lago Michigan que se achava em situação de penúria e que ia fechar por não dispor de dinheiro para pagar uma hipoteca. Correu em socorro dessa escola e deu-lhe milhões de dólares, construindo o que é hoje a famosa Universidade de Chicago. Procurou também ajudar os negros. Deu dinheiro a universidades negras, tais como o Tuskegee College, que necessitava de fundos para levar avante o trabalho de George Washington Carver. Ajudou a combater a ancilostomíase (doença conhecida como amarelão ou opilação). Quando o Dr. Charles W. Stiles, autoridade nessa doença, disse: "Cinqüenta *cents* de remédio curarão um homem dessa enfermidade que devasta o Sul — mas quem dará esses cinqüenta *cents*?" Rockefeller deu-os. Gastou milhões no combate à opilação, acabando com a maior praga de que já sofreu o Sul. Depois, foi ainda além. Criou a grande fundação internacional — a Rockefeller Foundation —, destinada a combater as enfermidades e a ignorância no mundo inteiro.

Um amigo de família do biógrafo citado falava com emoção dessa instituição, pois, provavelmente, devia, segundo ele, sua vida à Fundação Rockefeller. Lembrava ele muito bem que, quando se encontrava na China, em 1932, a cólera estava varrendo toda a cidade de Pequim. Os camponeses morriam como moscas. Apesar de tudo, em meio a todo aquele horror, conseguiram chegar ao Rockefeller Medical College e obter uma vacina que os protegia contra o flagelo. Tanto os chineses como os "estrangeiros" podiam fazer isso.

Nunca houve, antes, em todo o curso da História, nada que se assemelhasse, sequer remotamente, à Fundação Rockefeller. É uma coisa única. Rockefeller sabia que em toda parte do mundo há generosas iniciativas de homens de visão. Fazem-se pesquisas; fundam-se universidades; médicos lutam no combate às doenças — mas tais obras altruísticas morrem, com demasiada freqüência, por falta de fundos. Resolveu ajudar esses pioneiros da humanidade — não "levá-los pela mão", mas dar-lhes algum dinheiro, ajudando-os a descobrir os milagres da penicilina e de dezenas de outras descobertas que seu dinheiro ajudou a financiar. Você pode agradecer-lhe por não mais morrerem seus filhos de meningite cerebro-espinhal, doença que costumava matar quatro entre cada cinco crianças acometidas. E pode também agradecer-lhe pelos progressos feitos quanto à malária e à tuberculose, ou à gripe e à difteria, e a muitas outras enfermidades que ainda afligem a humanidade.

E Rockefeller? Depois de dar seu dinheiro, encontrou, acaso, paz de espírito? Sim. Sentiu-se, afinal, contente. "Se o público ainda pensava nele, depois de 1900, como se estı vesse soturnamente meditando nos ataques à Standard Oil", diz Allan Nevis, " estava muitíssimo enganado."

Rockefeller sentia-se feliz. Mudara tanto que já não se preocupava mais com coisa alguma. Na verdade, mesmo quando foi forçado a aceitar a maior derrota de sua vida, recusou-se a perder uma noite de sono!

Essa derrota se verificou quando a corporação que ele construíra, a gigantesca Standard Oil, foi intimada a pagar "a maior multa da História".

A batalha durou cinco anos. Os maiores juristas e advogados do país lutaram interminavelmente, num caso que era, até então, a mais longa guerra judicial da história americana. Mas a Standard Oil perdeu.

Naquela noite, um dos advogados falou com John D. Rockefeller por telefone. Falou na decisão da maneira mais hábil possível e, depois, disse preocupado:

— Espero que o senhor não permita que essa decisão o preocupe, Mr. Rockefeller. Faço votos para que durma bem!

E o velho Rockefeller? Ora, replicou, incontinente:

— Não se preocupe, Mr. Johnson. Pretendo dormir bem. E o senhor não se incomode também com isso. Boa noite!

E isso dito por um homem que ficara de cama por haver perdido 150 dólares! Sim, demorou muito tempo para que John D. Rockefeller aprendesse a vencer as preocupações. Ele, aos 53 anos, estava "morrendo" — mas viveu até os 98 anos!

Citei essa história para demonstrar que jogar com sorte é o mesmo que viver com sorte. Nela, nosso já "amigo íntimo" Rockefeller demonstrou ser um "rei Midas" nato, atraiu situações de má sorte, o desamor das pessoas, perseguições jurídicas e uma doença grave... Ainda assim, lhe restou uma oportunidade que, aliada a sua preparação e autoconfiança, lhe restituiu o direito de viver com sorte, pois jogou com sorte ao apostar tudo que lhe restava na transformação do que não lhe era definitivamente bom.

Tenha a coragem de se modificar sempre que tudo lhe parecer sem solução. Com certeza haverá uma possibilidade de mudar sua história e renovar seu destino.

Reflita:

INSTANTES

Se eu pudesse viver novamente a minha vida,
na próxima,
trataria de cometer mais erros.
Não tentaria ser tão perfeito, relaxaria mais.
Seria mais tolo ainda do que tenha sido.
Na verdade bem poucas coisas levaria a sério.
Seria menos higiênico.
Correria mais riscos, viajaria mais,
contemplaria mais entardeceres, subiria mais montanhas,
nadaria mais rios.
Iria a mais lugares onde nunca fui, tomaria mais sorvetes e menos lentilha,
teria mais problemas reais e menos problemas imaginários.
Eu fui uma dessas pessoas que viveu
sensata e produtivamente cada minuto da sua vida;
claro que tive momentos de alegria.
Mas se pudesse voltar a viver, trataria de ter somente bons momentos.
Porque, se não sabem, disso é feita a vida, só de momentos;
não perca o agora.
Eu era um desses que nunca ia a parte alguma sem um termômetro,
uma bolsa de água quente, um guarda-chuva e um pára-quedas.

Se voltasse a viver, viajaria mais leve.
Se eu pudesse voltar a viver
começaria a andar descalço no começo da primavera
e continuaria assim até o fim do outono.
Daria mais voltas na minha rua, contemplaria mais amanheceres
e brincaria com mais crianças
se tivesse outra vez uma vida pela frente.
Mas, já viram, tenho 85 anos e sei que estou morrendo.

Jorge Luis Borges

Sorte tem quem tem a sorte de estar "JOGANDO COM SORTE"

A transmutação (alteração, transformação, conversão) de sua vida é um bom começo para recriar sua história. É infinitamente importante e simples alcançar este estágio.

Faz-se imperativo saber para ousar. Não adianta agir impensadamente, movido por um impulso momentâneo, se não souber o que almeja.

Se quiser, será preciso ousar. Quando a vontade é pura e verdadeira ela se realiza, mesmo que você tenha de lhe dispensar uma vida inteira e com a necessária presença do empenho. Porém, se este por sua vez não aparecer, você estará apenas se iludindo.

Para atingir e desfrutar seus objetivos, é necessário silenciar. O silêncio lhe dará poder de concentração. Falando de seus projetos mais íntimos às pessoas, elas poderão rir, caçoar ou desacreditar. Isso será um banho de água fria em seus projetos. Calando-se, você aumentará seu magnetismo (e este não se acaba), ao passo que a palavra, se proferida, some no espaço.

Fale com sabedoria e perspicácia e somente o necessário. Procure seguir isso.

Já ouvimos falar de pessoas que estavam à beira da morte e que, quando retornaram à vida, começaram um novo caminho e conquistaram grandes vitórias. Não estou dizendo que é preciso chegar ao limiar da morte; isto é apenas um exemplo. Quem adota um novo estilo de vida tem tudo para vencer.

Certamente, você, leitor, conhece pessoas que jamais tiraram férias e nem se deram o direito de se divertir, pessoas que já nem olhavam para seus familiares e que, ao mudarem de atitude, encontraram um novo sentido para suas vidas.

Vemos, portanto, que o importante é mudar, mas para isso, é necessário querer, ou melhor, saber querer. Consulte seu coração e, então, dê início à ação. Surgirão dúvidas no meio do caminho, pois você foi treinado pela vida afora para desistir ante os obstáculos, mas esse é o grande desafio: não permitir que o desânimo e a dúvida tomem conta de você. Seja o comandante de sua vida; não permita que pessoas negativas o tirem desta jornada para o sucesso.

Mágoas e ressentimentos também são um verdadeiro bloqueio à chegada da sorte, porque a sorte é como um cavalo selado que está passando por sua porta. Se a porta estiver aberta, com certeza você verá o cavalo. Se estiver pensando em vingança, ou cheio de mágoa, você nem o verá aproximar-se.

Sua saúde (física, mental e espiritual) depende de sua exclusiva postura diante da vida.

Em suma, não fique acomodado. Para vencer na vida, uma pessoa não precisa necessariamente ter nascido com uma boa estrela. Precisa ter somente *autoconfiança, iniciativa, força de vontade*, para enxergá-la e abraçá-la.

Sua estrela está bem aí, pertinho de você. Não permita que ela se apague; ao contrário, deixe-a inundar sua vida. *Isso é que é sorte!*

Epílogo

Já havia dado este livro por encerrado, a cortina já havia baixado no palco, quando resolvi voltar à cena, ainda precisava dizer algo.

Antes do café da manhã comece a pensar em até sete coisas que lhe parecem impossíveis de ser concretizadas ou realizadas... Impossíveis enquanto achar que assim serão. E, completamente possíveis, quando acreditar que assim é que serão.

Não vacile, não espere mais... agora, já, você pode, é capaz, eu sei, assim é e será.

Ao acreditar que essas coisas supostamente acontecerão de fato, adivinhe? Isso mesmo, elas já estarão acontecendo, o universo já estará conspirando a favor, a seu favor, e nada o impedirá.

Mas, lembre-se, não é ficar em cima do muro, dizer, pensar que acredita e ficar esperando o resultado. Aja como se já soubesse o resultado, aliás, você já sabe e é exatamente aquele que imaginou antes do café da manhã.

Se duvidar, o universo também hesitará. Você, sua aura e energias o movem e envolvem.

Enquanto lê este epílogo, em quantas coisas pseudoimpossíveis já pensou? Veja-as, visualize-as realizando-se. Conseguiu vê-las? Então não são impossíveis e nem inatingíveis.

Tudo é possível! Queira, imagine, acredite, e contemple esse espetáculo acontecendo e se realizando diante de seus olhos... só não esqueça: antes do café da manhã!!!

Biografia do Autor

Luiz Carlos Amorim nasceu em Brasília, DF, em 29 de maio de 1964.

Em 1984, então com 20 anos, após vários contatos com diversos centros e universidades de parapsicologia no mundo inteiro, foi submetido a uma bateria de testes de paranormalidade em alguns países. Depois disso, foi reconhecido como o paranormal da década por cientistas europeus.

A partir daí iniciou uma trajetória de grandes trabalhos: pesquisas petrolíferas e de jazidas de minérios, localização de pessoas desaparecidas, apoio a empresas e a atividades nas áreas da Medicina, Direito, Psicologia, Engenharia, Arqueologia etc.

Este é o terceiro livro do autor. Nos anteriores, o tema central é o desenvolvimento do poder da mente humana e seus desdobramentos.

Atualmente, ministra palestras e workshops sobre temas referentes à parapsicologia.

"Testamos Luiz Carlos Amorim com aparelhagens especiais de laboratório. Seu poder não é uma fraude. É um fato excepcional que constitui um desafio para a ciência moderna." *Doutores John Beloff e Tom Sensky, membros da Society for Psychic Research*

"Os dons de Luiz Carlos podem fazer no futuro com que a humanidade se sinta obsoleta." *Erich Wunderli, parapsicólogo e pesquisador inglês*

"Luiz Carlos Amorim não é capaz somente de um único e bizarro feito mental, mentalmente ele isolou o átomo, mas, basicamente, seus dons são mais úteis do que o poder do átomo, uma vez que se esforce e adquira os controles necessários para isto." *Irene Zelak, parapsicóloga formada pela Faculdade de Ciências Biopsíquicas do Paraná*

Contatos pelo telefone:
(61) 561-2277

Este livro foi composto na tipologia Iowan
Old Style em corpo 11/15 e impresso em
papel Offset 75g/m² no Sistema Cameron da
Divisão Gráfica da Distribuidora Record.

Seja um Leitor Preferencial Record
e receba informações sobre nossos lançamentos.
Escreva para
RP Record
Caixa Postal 23.052
Rio de Janeiro, RJ – CEP 20922-970
dando seu nome e endereço
e tenha acesso a nossas ofertas especiais.

Válido somente no Brasil.

Ou visite a nossa *home page*:
http://www.record.com.br